金融支持文化旅游产业发展研究

杨艳丽　著

中国商业出版社

图书在版编目（CIP）数据

金融支持文化旅游产业发展研究 / 杨艳丽著 . -- 北京 : 中国商业出版社 , 2021.12

ISBN 978-7-5208-2003-5

Ⅰ . ①金… Ⅱ . ①杨… Ⅲ . ①旅游文化 - 产业发展 - 金融支持 - 研究 - 中国 Ⅳ . ① F592

中国版本图书馆 CIP 数据核字 (2021) 第 261970 号

责任编辑：陈　皓　常　松

中国商业出版社出版发行

010-63180647　www.c-cbook.com

（100053　北京广安门内报国寺 1 号）

新华书店经销

定州启航印刷有限公司印刷

*

710 毫米 ×1000 毫米　16 开　10.25 印张　190 千字

2021 年 12 月第 1 版　2021 年 12 月第 1 次印刷

定价：55.00 元

*　*　*　*

前　言

本研究以经济增长为最终目标，以旅游产业化为手段，以构建金融生态系统为途径，利用之前的研究成果，进一步完善金融生态系统功能定位，构建旅游产业内部以信用、资金、信息为基础的适合旅游产业发展的三维立体结构的金融生态系统模型；完善金融生态循环链条，优化旅游产业发展的外部支撑环境和金融生态链网，实现“金融生态和谐→旅游资源开发→旅游资本转化→经济增长→旅游产业发展”循环的良性互动；以旅游产业与金融的融合发展实现旅游产业的可持续发展和金融生态系统的均衡发展，把旅游产业培育成国家战略性支柱产业，最终实现社会经济的均衡发展和可持续增长。

在本研究中，笔者将旅游企业作为金融生态系统的主体，将金融生态系统和旅游产业发展模式相融合，促进金融生态系统的动态平衡和旅游产业生命周期各个阶段的顺利完成。笔者依据构建的金融生态链，构建支持旅游产业发展的金融生态效用评价指标体系，包含目标层、领域层、准则层、指标层。其中，领域层主要包括金融生态环境、金融生态功能、旅游产业发展三个方面。笔者依据对河南省金融生态效用的评价，提出金融生态系统和旅游产业发展自适应机制，最终推动金融与旅游产业融合发展。

笔者能成此稿，首先要感谢家人的支持和研究团队的协作；其次要感谢开封市统计局、开封市文化广电和旅游局在基础数据方面的大力支持，保证了原始数据的精确性；最后要感谢开封大学为笔者提供了良好的研究环境。

能成此稿，诚惶诚恐，欢迎业内专家批评指正。

目　录

第1章 导论

1.1 研究意义

长期以来，我国经济增长主要依靠投资和外贸拉动，而消费增长在整个经济增长中的比重过低，特别是第三产业占经济总量比重较低。因此，旅游产业作为现代服务业的龙头，要成为拉动第三产业快速发展的战略性支柱产业，获得广阔的发展空间。

本课题以旅游产业发展的金融生态系统为主要研究内容，在国内外研究综述以及概念界定的基础上，从风险收益理论和现代企业理论等方面对旅游产业发展的金融支持进行了理论层次上的分析，构建了支持旅游产业发展的金融生态系统模型，进而建立了支持旅游产业发展的金融生态效用评价体系，并对支持河南省旅游产业发展的金融生态系统进行了实证分析，最后得出了优化支持旅游产业发展的金融生态系统的意见和建议。在研究过程中，将经济增长作为最终的目标，将旅游资源资本化进程作为实体经济发展的手段，将构建金融生态系统作为实现经济增长的途径，通过旅游资源资本化进程进一步精确定位金融生态系统的功能。通过旅游资源资本化进程的发展，将旅游产业发展同金融产业发展紧密结合，最终实现金融产业和旅游产业相互促进、均衡发展的态势。首先，该研究基于生态学的理论，结合旅游产业发展的生命周期模型，将与金融机构发生信息、资金、信用流动的企业、政府和中介机构等考虑其中，研究金融生态系统对旅游产业发展的金融支持；其次，以旅游资源资本化过程为研究目标，探讨支持旅游产业发展的金融生态链循环过程；最后，选取适宜的管理工具对支持河南省旅游产业发展的金融生态系统进行评价，为金融生态系统优化和旅游产业发展的研究提供了具体的研究方向。

该课题的研究把旅游产业中的各个主体细化成金融生态系统的主体，将金融生态系统和旅游产业发展周期模型融合，研究金融生态系统支持旅游产业发展的规律，促进金融生态系统的动态平衡和旅游产业生命周期各个阶段的顺利完成。同时，对支持河南省旅游产业发展的金融生态系统进行评价，并结合旅游产业发展的特征和阶段，综合金融政策、金融工具和金融服务，以适应河南省旅游产业发展。

1.2 国内外研究现状

金融是现代经济的核心，但它作为虚拟经济，从本质上要以实体经济为基础和依托。金融资本若游离于产业资本的循环之外，必然会形成泡沫经济，所以金融促进经济发展必须依托产业发展。金融是促进产业发展的重要手段，金融的发展与产业发展相互作用、相互影响，两者存在密不可分的关系。

1.2.1 金融发展与产业发展关系研究

国外的相关研究多集中在金融发展和经济发展之间的运行机制，将金融促进经济发展和经济发展作用于金融发展作为重点研究内容。在这些研究中，金融发展对产业发展的支持研究较少，尤其是研究金融发展与旅游产业发展的内在研究机制少之又少。

随着经济和社会的发展，各国的征信体系在经济运行过程中逐步建立起来。信用体系的建立促进了银行业的良性发展，而银行使用信用工具，通过资金和信用流动融通社会资本，进而带动经济发展。20世纪初，约瑟夫·熊彼特（Joseph Alois Schumpeter）提出创新就是要“建立一种新的生产函数”，即“生产要素的重新组合”，把一种从来没有的关于生产要素和生产条件的新组合引入生产体系中，以实现对生产要素或生产条件的“新组合”。在此基础上，熊彼特还提出金融发展可以对一国人均收入水平和增长率产生积极作用，金融系统的完善程度与其对经济的促进作用成正比。

约翰·格利（John Gurley）和爱德华·肖（Edward Shaw）提出了“信用替换论”，认为金融中介的使用是通过提供“间接证券”替代由资金短缺者出具的借款证券。通过金融中介的媒介作用加快社会资金的流转，扩大了社会的投资规模，提高了资金运用效率，进而促进了经济的发展。

雷蒙德·W. 戈德史密斯（Raymond W. Goldsmith）在《金融结构与金融发展》中也对此进行了实证分析，并就其正确性进行了论述。他指出，在产业经济发展过程中，在探索产业发展规律的基础上，也应该关注金融发展的影响，两者之间存在密切的关系。这是经济学家第一次对金融发展和产业发展之间的关系进行实证分析，但限于当时分析统计软件技术的不成熟，虽然认识到了两者之间存在正相关的关系，但对其中的因果关系仍有不确定之处。King 和 Levine（1993）在戈德史密斯研究的基础上作了进一步研究，并改正了前者的不足。他们的主要创新是创设了四个金融和产业发展指标，以 80 个国家的近 30 年的数据为基础，进行回归统计分析，得到的结论是，不但同一时期内金融发展指标与产业发展指标存在正相关关系，而且两类指标存在跨期的同类关系。Aghion 等人（2005）则把研究的视角转向了发展中国家，他们选取了 70 个国家 30 多年的数据作为研究依据，其研究结果表明，金融发展与产业发展具有密切的关系，金融发展越好，则产业经济增长越快。

在国内，自改革开放后，经济快速增长，迫切需要我们既要遵循世界经济发展的普遍规律，又要结合中国国情，用学术眼光去透析中国的金融发展道路。王广谦（1997）证明了金融不论在量还是质上均对产业发展具有积极作用，金融效率的提升是产业发展的重要前提。范方志、张立军（2002）研究了部分地区金融发展与产业发展的关系。史永东（2003）利用计量经济学模型对我国金融发展与产业发展的关系进行了格兰杰因果关系检验，得出了金融发展对产业发展贡献率的具体数值，并且两者存在双向因果关系。

周立（2004）遵循 Goldsmith 的指标体系，使数据的采集在时间和空间上都有了新的突破。从改革开放到 21 世纪初，周立运用了中国三大地区的数据，较客观地展现了金融发展与产业发展的关系，得出了两者存在密切关系的结论。谢太峰（2008）则重点考察了北京地区金融和产业发展的关系，也证明了前述结论的正确性。

刘焕、任燕燕（2010）采用拥有时间、截面、指标三维度的面板数据模型，以金融集聚度为解释变量，对全国 31 个省（自治区、直辖市）的经济增长影响进行回归分析。在考虑了截面相关性对面板数据回归的影响后，刘焕、任燕燕又引进了截面相关性检验和 FGLS 的修正回归。张晓燕（2012）将金融产业集聚分解为银行业集聚、保险业集聚和证券业集聚，发现不同金融资源集聚对区域经济增长具有方向不同、大小不同的影响。金融产业集聚对区域经济增长的影响是通过对核心区的增长效应及其对周边地区的辐射效应实现的，其中深圳和重庆的增长效应及辐射效应较为明显。陈得文（2015）基于面板平滑转换模型（PSTR）实证检验了 1998—2012 年金融集聚对我国区域经济增长的非线性效应。研究表明，金融集聚与我国区域经济增长之间存在显著的转换关系，转换阈值为1.396。我国金融集聚效应存在明显的空间差异，东部地区大多处于高机制阶段，集聚效应较强；中西部地区处于低机制阶段，集聚效应较弱。

1.2.2 旅游产业发展相关研究

国外对旅游产业的研究始于20世纪30年代，主要局限于理论研究的。葛留克斯曼（1935）考察了旅游产业在社会发展中的作用，认为旅游产业既具有经济效益，又能发挥社会效益。在此基础上，他有针对性地提出了促进旅游业发展的政策措施。

第二次世界大战后，美国人列昂惕夫提出了一种非常实用的分析方法——投入产出分析法。之后，很多学者开始将该方法应用于旅游产业的研究当中。该方法对分析具有很强综合性的旅游产业，剖析旅游业与其相关产业的相互关系具有很强的说服力。

旅游业作为国民经济中的一个重要服务业，其消费支出逐年增加，可观的乘数效应越来越成为学者研究的热点问题。20世纪70年代初，Archer（1970）在前人基础上做了深入分析，归纳总结出了多种旅游乘数，每种乘数在不同的作用机理下发挥作用。总之，旅游者在旅游过程中最初的消费支出会通过直接效应、间接效应以及诱导效应产生数倍于最初消费支出的收入。

Frechtling（1997）对旅游乘数通过建立模型进行了更深入的分析，纳入了多个部门的数据，并在模型矩阵中引入了两个内生变量——家庭和政府，得出了旅游诱导效应明显强于间接效应的结论。

近几年，国外学者的研究视角从宏观逐渐转向了中微观。在之前对旅游业认识的基础上，更能够认识到旅游产业与经济、社会的关系，因此国外学者把眼光转向了研究区域旅游产业的发展问题。比如，学者开始探究旅游产业竞争力的问题，如何更加科学化、高级化地发展旅游产业，以及探寻旅游产业实现可持续化发展的问题。

中国对旅游经济的研究起步较晚。20世纪20年代，一些专家、学者曾对旅游业的基本特征及其产生的经济学价值等进行探究。中华人民共和国成立后，尤其是改革开放以来，旅游业进入了一个快速发展的阶段。经济学界结合中国旅游产业发展的现实，开始更加注重对旅游产业自身发展规律的总结。在此过程中，学者研究了中国旅游经济在经济社会中的地位和作用，以及旅游企业在旅游资源的开发、利用和保护方面应该承担的责任等。这些为中国旅游经济学奠定了初步的理论基础，也为中国旅游业的健康快速发展指明了方向。

20 世纪 90 年代以来，我国旅游产业的规模迅速扩大，旅游产业对国民经济的重要作用也逐渐凸显出来，成为我国经济的一个新增长点。于是，国内学者开始进一步对旅游的经济效益进行较深层次的研究。

闫敏（1999）运用列昂惕夫的投入产出分析法对旅游产业及其关联产业进行了分析，测算出了旅游产业及其相关产业之间的完全消耗系数和直接消耗系数，得出了支持性产业对旅游产业具有重要影响的结论，并且第二产业对旅游产业发展具有极大的促进作用。

郑海燕（2004）对秦皇岛市旅游业的经济贡献进行了实证研究。她主要运用多种分析方法，从多个角度进行探究，结合经济统计软件对数据进行处理，得出了旅游业确实为秦皇岛的经济发展起到巨大作用的结论。除此之外，郑海燕也利用投入产出分析法得出了旅游业与关联产业的较大的相关系数。

李欣（2007）以承德市旅游产业为例，剖析了影响旅游产业发展的积极因素与消极因素。李欣坚持旅游产业发展应该以市场为导向，根据不同旅游业态突出其独特的方面，尤其是自然观光旅游类型更要遵守可持续发展的原则。李欣还指出，为加快旅游产业发展，应该加强软硬件条件的建设。

宋亚非对旅游产业化进行了研究。旅游产业化是个较新也比较复杂的概念，是旅游产业发展的大方向。要实现产业化，就要把现代化的技术、管理方法运用到旅游产业的发展过程中，走一条国际化的道路，做好境内外两个客源市场的工作。要以市场机制为基础，引入发展资金，使旅游产业实现规模经济，这将是旅游业的发展趋势。

1.2.3　金融支持旅游产业发展相关研究

在国外，学者对旅游产业发展的研究较多，但涉及金融支持的相对较少，因此本书主要借鉴国内相关研究成果。纵观国内在金融支持旅游产业方面的研究，可以分为必要性研究、问题研究和融资渠道分析三个方面。

1.2.3.1. 金融支持必要性研究

左冰、保继刚（2008）对中国旅游业全要素生产率进行了研究，认识到了技术进步对旅游业增长的重要作用。但是，我国旅游业技术进步缓慢，带动旅游经济的效果不明显。追溯其根本原因，就是旅游投入力度不足以及投资效率低下。这使旅游基础服务设施建设滞后，技术这一生产要素并未发挥出应有的作用。因此，金融支持旅游产业解决资金缺口具有很强的必要性。

邓智毅（2008）也对金融支持旅游产业发展的必要性进行了论证。他认为，从旅游产业的特点出发，产业关联性强的旅游产业应该成为银行业重点支持的产业。另外，银行业金融机构与旅游业的结合不仅改善了其投资环境，还加快了旅游业的发展。他提出，各银行业金融机构要从战略全局的高度出发，充分认识支持发展旅游业的必要性。

孙晨光（2008）对旅游经济发展的因素进行了分析。他归纳了几个制约性的因素，包括旅游资源状况、市场营销的力度、外部环境的情况以及投资，并认为投资是制约因素中最重要的，即对旅游业的金融投资是促进旅游资源转化为收益的重要一环，两者存在密切的关系。

牛丹丹、郑志娟等（2010）为分析旅游产业发展，建立了基于柯布—道格拉斯的生产函数。引入该函数的生产要素有劳动、资本、技术以及旅游资源。牛丹丹、郑志娟等通过测算这些生产要素的产业贡献率，对各个贡献率进行比较，发现在各个生产要素中，资本投入的贡献率是最高的，说明资本投入的情况在很大程度上影响着旅游经济增长。因此，要加大对旅游产业发展的资本投入，尤其是要大力发挥金融支持的作用。

1.2.3.2. 金融支持旅游产业的问题研究

叶春明、赵宇华（2009）研究了中国旅游产业发展中金融支持的现状、问题及对策。在旅游业的发展中，来自政府、银行、企业、外资和社会各界的金融支持对旅游业的高速发展起着重要作用。但政府的财政金融支持力度不足，旅游业投资效率较低，旅游业投资和消费的银行信贷支持有待提高，资本市场对旅游的资源配置作用不够明显，旅游金融服务产品开发滞后。

陈明荣（2010）从银行的角度分析了支持旅游产业发展的问题。国有商业银行的信贷管理模式制约了旅游业发展的融资规模。目前，国有商业银行实行贷款风险终身责任制，将信贷风险与信贷人员的职位、工资、奖金等挂钩，并追究终身责任，造成金融机构负责人和信贷人员产生了惜贷、恐贷心理，在一定程度上影响了金融业对旅游业的信贷支持。

李建文、罗清驰（2011）指出，旅游企业的先天性缺陷削弱了金融支持力度，金融机构与旅游企业存在信息不对称的问题。金融机构对旅游管理、发展规划、项目开发和融资需求不甚了解，对项目前景、预期收益和风险程度也往往难以准确判断，致使银行信贷投放难以适应旅游产业快速发展的需要。

1.2.3.3. 旅游产业融资渠道分析

魏小安（2000）从旅游景区公司上市的角度提出，景区公司上市对促进旅游资源的保护和发展有重要的意义。

高广新（2001）指出，旅游行业公司利用资本市场筹资的水平远低于国家总体水平。

罗富民（2006）认为，旅游企业贷款难、旅游上市公司少，表明金融对旅游产业的支持相当欠缺，还不能满足旅游产业可持续发展的要求，进而在金融组织的创新、金融制度的设计、金融产品的开发、金融市场的完善四个方面提出了支持建议。尤其是在旅游产品开发中，他提出设立旅游产业投资基金，面向社会进行筹资。这也有助于解决未上市的旅游企业融资难的问题。

王慧晶（2007）认为，在传统融资渠道的基础上，要结合旅游资源的自有特色，根据经济和社会的发展情况，充分利用市场机制，完善旅游资源开发的融资体系。

杨文（2008）从旅游企业发展的角度出发，根据旅游项目开发、基础设施建设等方面资金的需求量，制定企业筹资战略。同时，杨文依据资金缺口及企业总体发展规划，在金融市场上利用不同类型的金融工具进行融资，如发行股票、债券以及寻求银行贷款都是可以选择的具体形式，最终监督资金按照计划运用到位。

段爱明（2009）指出，金融机构开发出了品种较齐全的动产抵押、动产抵押与不动产抵押捆绑等融资方式，满足了旅游企业的融资需求。

综上所述，无论从理论研究的角度还是实证分析的角度，国内外学者都普遍认同金融与经济的密切关系：金融是促进产业发展的重要手段，金融的发展与产业发展相互作用、相互影响，两者存在密不可分的关系。另外，国内外学者还总结了旅游产业发展的自身规律。国内外学者都对资本生产要素的作用很重视，把资本要素作为一定时期内旅游产业发展的最重要因素。随着旅游产业的发展，对金融与旅游产业之间关系的研究越来越多，主要分析金融支持旅游产业的必要性、支持模式、投融资方式以及存在的问题，但是普遍都是现象的总结和归纳，对解决存在的旅游产业投融资问题显得笼统和不具操作性。因此，笔者希望在探讨河南省金融支持旅游产业发展问题的基础上，能够创新投融资机制，提出可行性的对策。

1.2.4 金融生态系统研究

金融生态是依据英国生态学家 A.G.Tansley 的生态系统提出的一个概念。白钦先等[①]（2001）较早地刻画了金融生态环境，认为特定的金融生态环境以其环境容量和“净化”能力对经济活动产生约束性影响。徐林（2001）在《未来中国金融生态体系的生态演进——基于生态金融的思想》中提出“生态金融”的概念，认为不能简单拷贝西方的成熟市场，金融生态的首要命题是真正立足中国实际，深刻体现中国金融演进中的问题，遵从生态演进规律，给出中国特殊市场条件下的生态金融发展模式。周小川[②]（2004）认为，“金融生态”是一个比喻，不是指金融机构的内部运作，而是金融运行外部环境，也就是金融运行的一些基础条件，包括法律、社会信用体系、会计关系等方面的内容。徐诺金[③]（2005）把金融生态概括为各种金融组织与其生存环境之间及内部金融组织相互之间所形成的具有一定结构特征、发挥一定功能作用的动态平衡系统，包括三个主要方面：金融生态环境、金融生态主体、金融生态调节。

目前，关于金融生态的研究主要分为两个方向：一是金融生态环境论，认为金融生态是法律、经济基础等的金融生态环境，金融生态环境的改变是优化金融生态的关键所在，并提出了一些优化金融生态环境的意见和方案；二是狭义的金融生态系统论，认为金融生态系统只是金融体系内部运作与金融生态环境的协调机制，优化金融生态应该从金融体系内部的金融主体出发，建立联动机制，使之和谐发展。

1.2.4.1. 金融生态环境论

根据周小川、夏斌为代表的观点，金融生态环境即法律、社会信用体系、会计与审计准则、中介服务体系、企业改革的进展及银企关系等金融运行外部环境。研究的主要目的一方面在于确定影响金融生态的主要环境因

① 白钦先，姚勇，崔满红，等．金融可持续发展研究导论 [M]．北京：中国金融出版社，2001：138-145．

② 周小川．完善法律制度，改进金融生态 [R]．北京：经济 50 人论坛，2004.

③ 徐诺金．论我国的金融生态问题 [J]．金融研究，2005（2）：35-45．

素，另一方面在于评价金融生态的外部环境，进而提出优化建议。

基于金融生态环境论，杨子强（2005）从广义与狭义两个层面阐述了金融生态环境的概念。他认为，广义的金融生态环境是指与金融业生存、发展具有互动关系的社会、自然因素的总和，包括政治、经济、文化等一切与金融业相互影响、相互作用的方面，是金融业生存、发展的基础；狭义的金融生态环境指微观层面的金融环境，包括法律、社会信用体系、会计与审计准则、中介服务体系、企业改革及银企关系等方面的内容。同时，他强调金融生态环境中各因素相互连接、相互依赖、相互作用，共同构成一个有机整体（金融生态链）。此外，他还主张商业银行应当重视对金融生态环境的研究和利用，深刻把握金融生态主体与环境之间的密切关系。

唐旭（2005）认为，金融生态中的法律问题始终是金融领域所关注的焦点。他指出，不完备的担保法律会导致银行提高贷款利率以弥补借贷风险，减少借贷，从而导致信贷市场萎缩；反之，则有助于减少不良贷款，防范金融风险，降低贷款利率，提高信贷服务，并深化金融市场。他主张通过完善担保物权制度实现融资畅通，保护银行和工商企业等信贷人的权利，从而优化金融生态，促进金融发展和经济增长。

林廷生（2005）在《政府主导优化金融生态环境　促进经济金融良性互动发展》中指出，金融发展取决于金融生态状况，改善金融生态是新时期政府抓好金融工作的切入点。他认为，政府应在加强金融生态规划、构建部门联动机制，提高社会诚信意识、夯实金融生态基础，加快市场经济发展、健全金融生态内部机制，调整优化产业结构、打牢金融生态经济基础中发挥主导作用。

苏宁（2005）认为，金融生态作为一种“拟生”比喻，不是指金融业内部的运作，而是借用生态学概念比喻金融业运行的外部环境。同时，他强调良好的金融生态环境由稳定的经济环境、完善的法制环境、良好的信用环境、协调的市场环境以及规范的制度环境构成。

皮天雷（2006）从新制度经济学角度分析了金融生态的法律制度要素。他认为，在金融生态建设中，完善法律制度是改进金融生态的核心步骤。同时，他指出我国金融生态环境法制缺陷的深层次原因是没有真正实现从“人治”“权治”到“法治”的根本转变，以及非正式约束与市场经济还存在诸多矛盾。我国金融生态建设应以完善金融产权为核心，以强化信用秩序为重点，改善金融主体法律制度。

1.2.4.2. 金融生态系统论

徐诺金在结合生态学的相关知识后对金融生态这一概念进行了进一步的系统化。2007 年，徐诺金在《金融生态论》中对金融生态系统的金融生态系统、金融主体、金融生态学特征等进行了解释，开始了对金融生态的系统性研究。

林永军继承了徐诺金关于金融生态的界定，同时从系统论的角度出发，把金融市场划分为几个子系统，着重研究金融市场子系统之间的和谐发展。

韩平认为，金融生态是指影响金融业生存和发展各种因素的总和，既包括与金融业发展相互影响的政治、经济、法律、信用等环境因素，又包括金融体系内部各要素，如金融市场、金融机构、金融工具、金融产品，以及通过资金媒介和信用链条形成的相互作用、相互影响的系统。

谢太峰①把金融生态系统理解为由金融主体及其赖以存在和发展的金融生态环境共同组成的动态平衡系统。他指出，金融生态的各类金融活动主体并非仅指金融机构，而且认为以金融机构资产质量为尺度的评价标准存在着局限性：它仅关注金融中介机构的经营状况和经营风险，忽略了资金最终供应者和资金最终需求者等其他金融主体在金融生态中的地位与处境。

朱德位（2006）扩展了金融主体的范围，强调其与外部环境的相互作用，并提出了社会金融模式是金融生态研究的一个隐含前提，而银行论金融、贷款论金融在探讨金融生态问题时有一定的局限性。

曾建中（2007）认为，金融系统要真正仿生成一个生态系统——金融生态系统，必须具备两个基本条件：一是金融系统必须具备生命系统和环境系统两个基本要素；二是生命系统和环境系统之间必须通过复杂的物质交换和能量流动才能维系。因此，金融生态系统理论的提出必须建立在四个基本假设的前提下：金融交易主体假设、货币循环假设、信用流假设、政府行为假设。

在金融生态的理论研究方面，陈学华、张文政（2009）认为金融生态环境对区域经济的发展是至关重要的，良好的金融生态环境可以使区域金融与经济协调发展。因此，要实现经济发展，必须先改善金融生态环境。温智良

① 谢太峰．关于金融生态内涵与评价标准的思考 [J]．金融理论与实践，2006（4）：26–28．

（2008）认为，金融生态环境的不同会导致金融资源配置的效率和结果不同，对区域经济增长产生影响，因此发展区域经济的前提是建设良好的金融生态环境。黎和贵（2009）认为，良好的金融生态环境能够改变资金流向，吸引资金向本区域集聚，形成“资金洼地”效应，从而为区域经济增长提供资金支持，使资源得到高效配置，促进区域经济增长。

金融生态系统的概念是中国本土产物，它不仅是金融体系概念上的改变，还是研究金融改革的一个方向。在金融生态学来看，金融是一种系统运行的组织活动。金融主体不仅包括那些专门从事金融活动的金融机构，还包括金融活动的各个参与者，如企业、政府等。同时，这些金融主体像生物一样，是有机体，具有生物的生命性、竞争性和自适性等特征。

1.3　研究内容和方法

1.3.1　研究内容

本研究从我国旅游产业发展现状和金融支持旅游产业发展现状入手，以旅游系统动力理论、风险收益理论和利益相关者理论为支撑，构建金融生态系统概念模型。在对国际文化旅游名城建设的研究基础上，进行国际文化旅游名城评价指标体系建设，并对开封市国际文化旅游名城建设进行了实证分析，进而通过支持国际文化旅游名城建设的金融生态系统的动态平衡，提出开封市国际文化旅游名城建设的路径及金融支持该路径的模式和内容，同时采取层次分析法，对河南省金融生态效应进行评价，进而提出金融生态优化和旅游产业发展之间的内在运行机制。具体研究内容如图 1–1 所示。

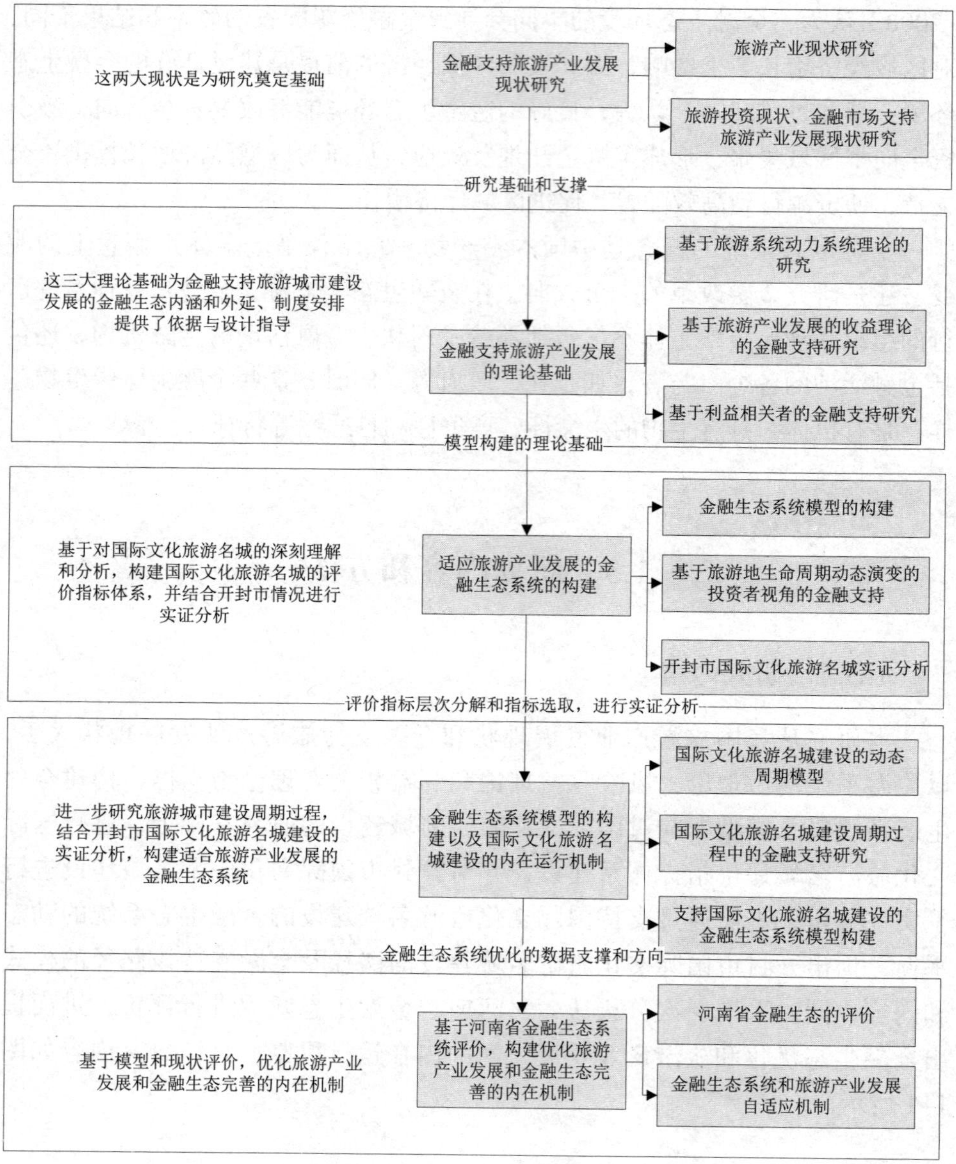

图 1-1　研究内容

1.3.2　研究方法

第一，文献研究法。在研究问题时，对电子文献数据库、学校图书馆、相关网站以及书籍中的有关文献与资料进行了学习，对金融与产业发展关系理论、旅游产业发展理论及金融与旅游产业发展关系理论等有关理论知识进行了研究，从而为本研究的开展奠定了坚实的理论基础。

第二，模型构建法。通过对旅游产业发展周期和金融生态系统内涵的研究，构建旅游产业发展的资金动态周期模型和支持旅游产业发展的金融生态系统模型。

第三，实证分析法。本课题在研究过程中运用了实证分析的方法。

第四，部门调查法。在理论研究的指导下，笔者着重对政府相关职能部门、旅游企业进行了走访，收集了相关数据资料，以达到理论联系实际的目的。

第 2 章　我国旅游产业发展现状研究

自改革开放以来，随着社会经济的发展，我国旅游业经历了起步、成长、拓展、综合发展四个阶段，取得了一定的成就。旅游业在深化改革的供给侧改革中有着突出的能源消耗优势，对社会经济的发展作出了突出贡献。随着我国经济水平的不断提升和旅游产业的不断发展，我国旅游业在世界旅游业中的地位也不断提升。

2.1　旅游业与旅游产业的概念界定

旅游业诞生的标志性事件是 1845 年英国人托马斯·库克（1808—1892）创办了世界上第一家旅行社——托马斯·库克旅行社。从此以后，各个国家的旅游业都迅猛发展。旅游业对推动世界经济发展有着举足轻重的作用，被人们称为“朝阳产业”。我国的旅游业在理论研究和实践发展过程中也经历了从粗浅到不断完善的阶段。

2.1.1　旅游业和旅游行业的概念界定

本研究中的旅游产业不等同于旅游行业或旅游业。旅游业与旅游行业有着本质的区别。一般来讲，旅游业是以旅游资源为凭借、以旅游设施为基础、以旅游产品和旅游市场为依托，通过提供旅游服务，满足消费者多样化需求的综合性行业。根据三次产业分类法，旅游业属于第三产业。从构成上看，旅游业包括旅行社业、旅游饭店业、旅游交通业、旅游景观业、旅游娱乐业和旅游购物业等各行业组织，涉及“吃、住、行、游、购、娱”六要素。其中，旅行社业、旅游饭店业和旅游交通业构成了旅游业的三大支柱。

2.1.2　旅游产业的概念界定

旅游产业的概念是从产业经济学的角度提出来的。“产业”（industry）是“其主要业务和产品大体相同的企业类别的总称”。从这个概念上理解，一个产业是由同类企业构成的，它们经营相同的业务或生产相同的产品。所以，对于旅游产业的界定和传统产业的界定是不同的。第一，旅游产业不是由同类企业构成的，它包括吃、住、行、游、购、娱等不同行业甚至更加广泛；第二，旅游产业是一个以提供劳务产品为主的服务性行业，是为人们的空间移动消费提供服务的产业。所以，旅游产业所提供的产品是一种综合性服务。

然而，作为一种经济产业，旅游产业是客观存在的。虽然各国在自己的产业划分标准中没有把旅游产业作为一项产业单独立项，但在本国的经济发展规划中都将旅游产业作为其中一项重要内容。①

伦纳德·J. 利克里什和卡森·L. 詹金斯认为，旅游产业各部门可以根据其最直接的相互依赖关系和从旅游业获得的直接收入水平来划分旅游产业。他们将旅游产业划分为三类部门，如图 2-1 所示。②

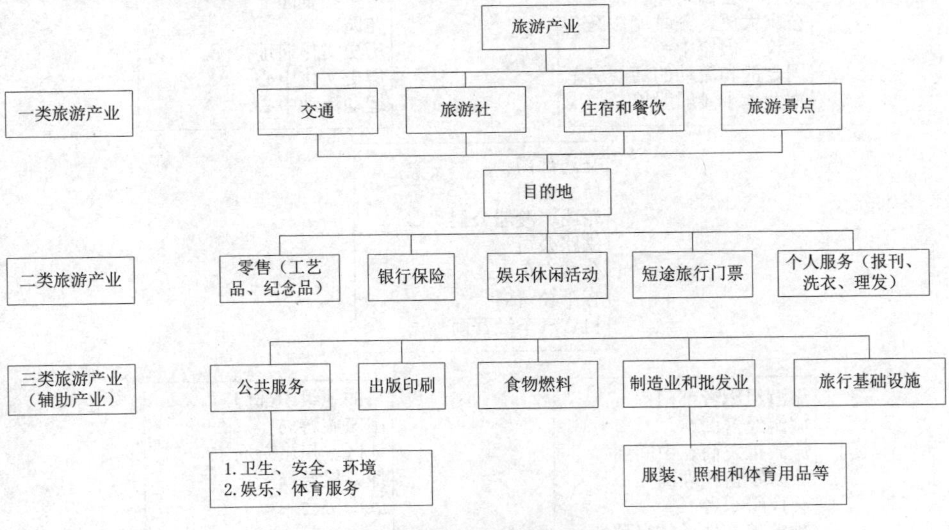

图 2-1　旅游产业的三大类

一类旅游产业指交通、旅行社、住宿餐饮和旅游景点，这其中包括履行方式、支持系统和旅游动机；二类旅游产业指直接从旅游消费中获益的产业；三类旅游产业指从消费中获益的产业。

国内学者李天元、王连义③提出了直接旅游企业和间接旅游企业的观点，并认为旅游业构成是建立在直接旅游企业这一基础上的。如果是较为全

① 李娜．旅游产业集群模式与发展研究 [D]. 西安：陕西师范大学，2007.

② 伦纳德·J. 利克里什，卡森·L. 詹金斯．旅游学通论 [M]. 程尽能，等译．北京：中国旅游出版社，2002：113-114.

③ 李天元，王连义．旅游学概论 [M]. 天津：南开大学出版社，1999：117-118.

面的看法，则既包括直接旅游企业又包括间接旅游企业，还包括支持发展旅游的各种旅游组织。所谓直接旅游企业，是指有赖旅游者的存在而生存的企业，如旅行社、交通客运企业和旅馆企业。所谓间接旅游企业，是指虽然也为旅游者提供商品服务，但其主要供应对象并非旅游者，如餐饮和游览娱乐企业。

维克多·密德尔敦在界定旅游产业的范围时，提出了旅游产业的五大部门：住宿部门、景点部门、交通部门、旅游组织部门和目的地组织部门（图2–2）。[①]

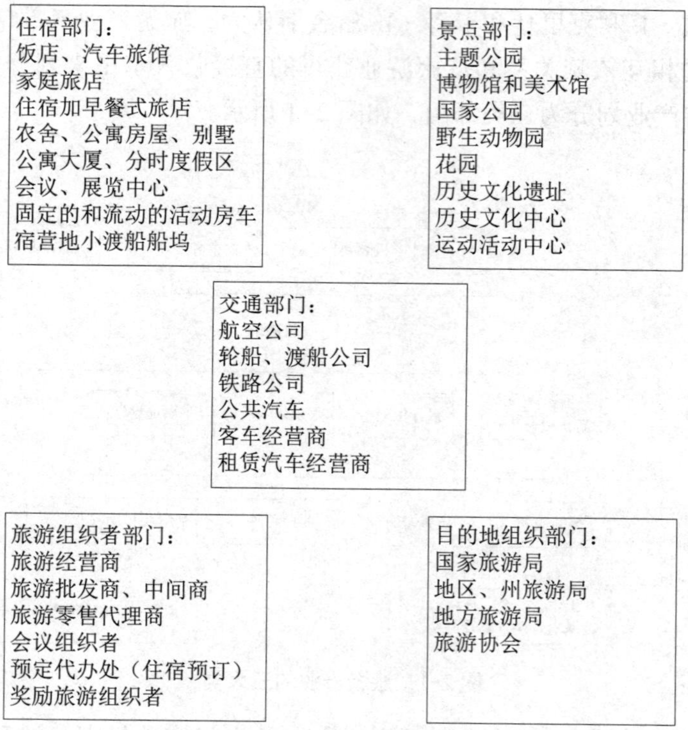

图 2–2 旅游产业的五大部门

从上述国内外学者对旅游产业定义的研究可以看出，尽管不同学者从不同角度给出了各不相同的定义，但是旅游产业涵盖的内容大同小异。旅游产业的范围构成是一个动态的指标，旅游产业构成部门的种类和发展程度是由旅游者的需求决定的。所以，在本研究中，旅游产业涵盖旅游活动提供各种直接服务和间接服务的行业和机构。

① 维克多·密德尔敦．旅游营销学 [M]. 向萍，等译．北京：中国旅游出版社，2001.

2.2　我国旅游产业发展进程

2016 年 5 月 20 日，国家旅游局在世界旅游发展大会上发布《中国旅游发展报告 2016》。报告称，中国旅游业已经进入快速发展的黄金期，从小众市场向大众化转变、从单一入境旅游向出入境旅游并重格局转变，旅游业发展面由局部扩展到全国，形成了国家与地方、政府与企业、社会共同推进的大格局，如图 2–3 所示。中国在全球参评的 148 个国家和地区中，旅游业竞争力由 2009 年的第 47 位上升到 2015 年的第 17 位，前进了 30 位。其中，在“国内机场的合理位置”“国际机场的合理位置”“运营航空公司的数量”等旅游商业环境和基础设施方面，以及在“世界文化遗产数量”“文化创意出口数量”“世界自然遗产数量”“已知资源质量”“国际博览会及展览会数量”等旅游资源方面，中国具有了显著提升和完善。同时，在“政府对旅游产业的优先程度”等旅游监管架构方面，以及在“手机上网人数”“咨询科技 B2B 业务应用”等信息化基础设施方面，中国旅游业正逐渐缩小与发达国家旅游业之间的差距，显示出了巨大的发展潜力和广阔的发展空间。

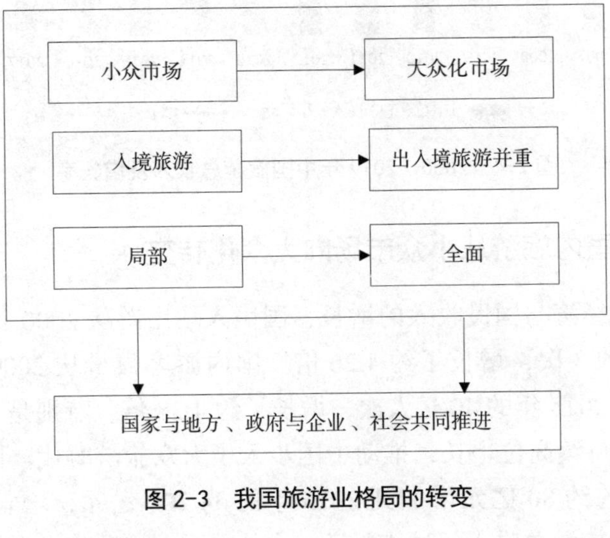

图 2–3　我国旅游业格局的转变

2.2.1　中国旅游业已经进入快速发展的黄金期

2000 年，我国旅游总收入达 4 519 亿元。2006 年，我国旅游总收入达 8 935 亿元。我国旅游业用了 6 年时间实现了旅游总收入的翻番。旅游总收入从 2006

年的 8 935 亿元到 2010 年的 1.57 万亿元只用了 4 年多的时间。旅游总收入从 2010 年的 1.57 万亿元到 2013 年的 2.59 万亿元只用了 3 年多的时间。从图 2–4 可以看出，旅游总收入从 2006 年到 2011 年经历了一个高速增长的阶段。其中，2008 年，受世界金融危机的影响，实体经济受到虚拟经济的冲击，旅游业也受到了一定的影响，所以旅游业总收入增长率出现了大幅度下降。2015–2019 年，我国旅游总收入处于持续增长的相对稳态。但从总体上看，我国的旅游总量在不断增加，说明我国旅游业正有突飞猛进的发展阶段进入平稳持续的发展阶段。2020 年我国的旅游总收入下降 61.1%，2021 年上半年国内旅游收入 1.63 万亿元，比上年同期增长 157.9%（恢复到 2019 年同期的 58.6%）。

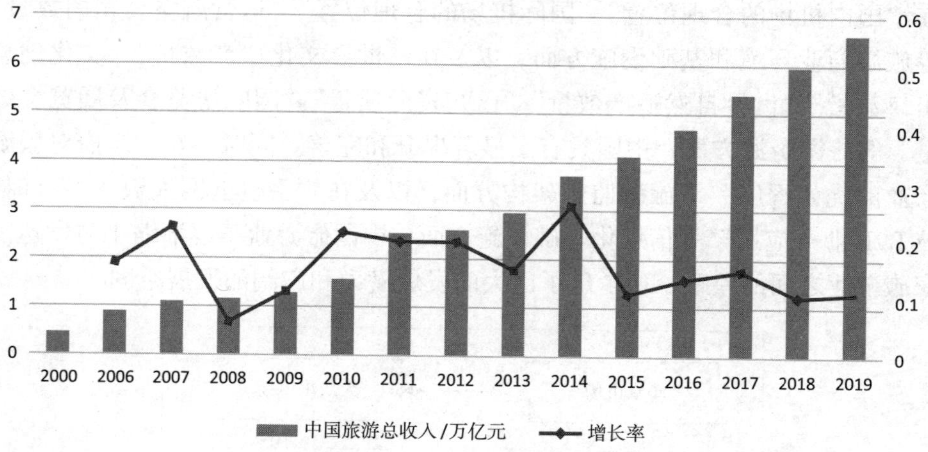

图 2–4　2000—2019 年中国旅游总收入及增长率

2.2.2　国内旅游从小众市场向大众化转变

随着中国经济与国民收入的增长，国民人均出游从 2000 年的 0.57 次增长到 2015 年的 3 次，增长了约 4.26 倍。国内游客数量从 2000 年的约 7.44 亿人次增长到 2015 年的 40 亿人次，增长了约 4.38 倍。特别是 2000 年以来，国内游客数量持续高位增长，推动中国步入了大众旅游时代。国内旅游收入也从 1985 年的约 80 亿元增加到 2015 年的 34 200 亿元，增长了 426.5 倍。2015 年，中国旅游总收入超过 4 万亿元，其中国内旅游收入占旅游总收入的比重达到 85.8%，成为中国最主要的旅游消费市场。图 2–5 显示了 2000—2015 年国内旅游人数及增长率。

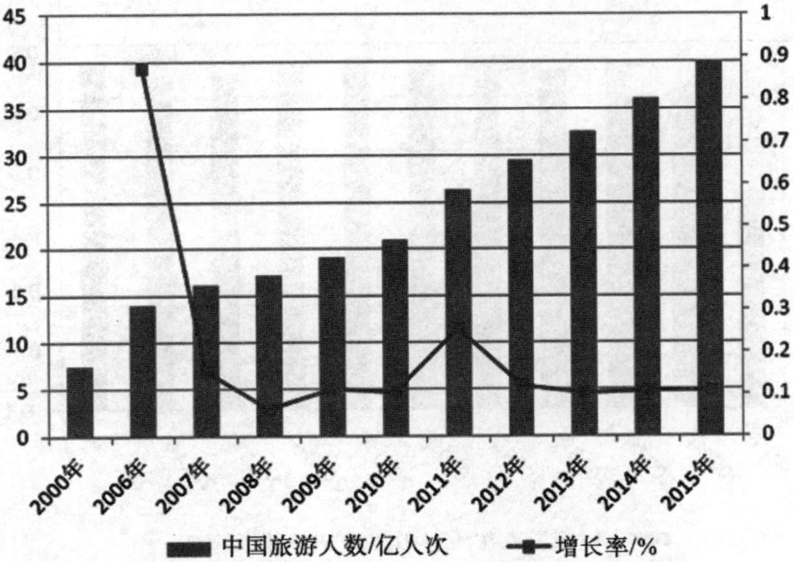

图 2–5　2000—2015 年国内旅游人数及增长率

2.2.3　国际旅游从单一入境旅游发展成为出入境旅游并重格局

改革开放之初，中国的国际旅游仅限单一的入境旅游，出境旅游起步较晚。进入 21 世纪以来，中国公民出境旅游呈现井喷式增长，已形成入境与出境两大旅游市场并重活跃的发展格局。从图 2–6 可以看出，入境旅游自 2006 年以来一直维持在一个水平上，上下波动不大。

从入境旅游市场看，中国已是世界第四大旅游入境接待国。入境旅游人数（含入境过夜游客，下同）从 2000 年的 8 344.39 万人次上升至 2006 年的 12 494.21 万人次，增长了约 50%；2006—2015 年，入境市场并无太大波动，一直维持在 1.3 亿旅游人次的水平。旅游外汇收入从 2006 年的 339.49 亿美元增加到 2015 年的 1 136.5 亿美元，增长了约 2.35 倍（图 2–7）。这从另一个侧面反映了入境旅游市场的不断完善和旅游产品的不断丰富，入境旅游的消费水平和消费层次逐渐提升。

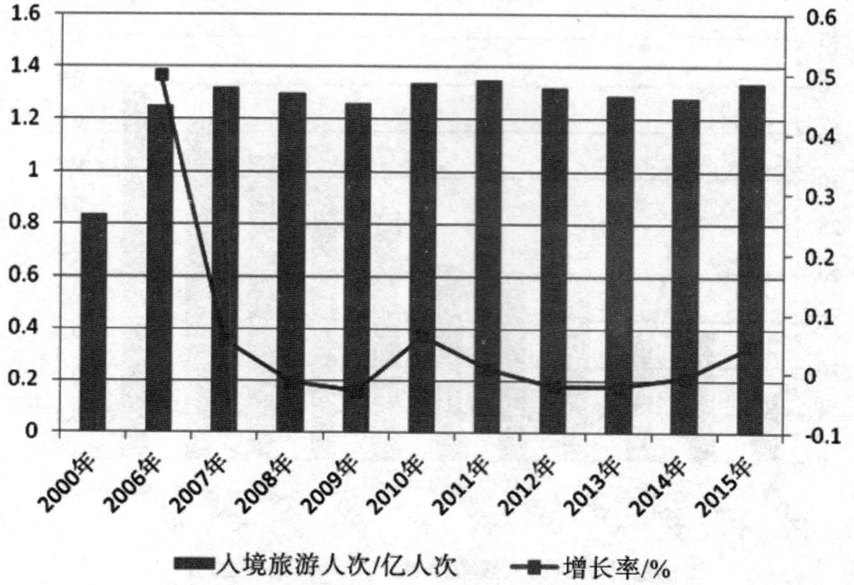

图 2-6　2000—2015 年入境旅游人数及增长率

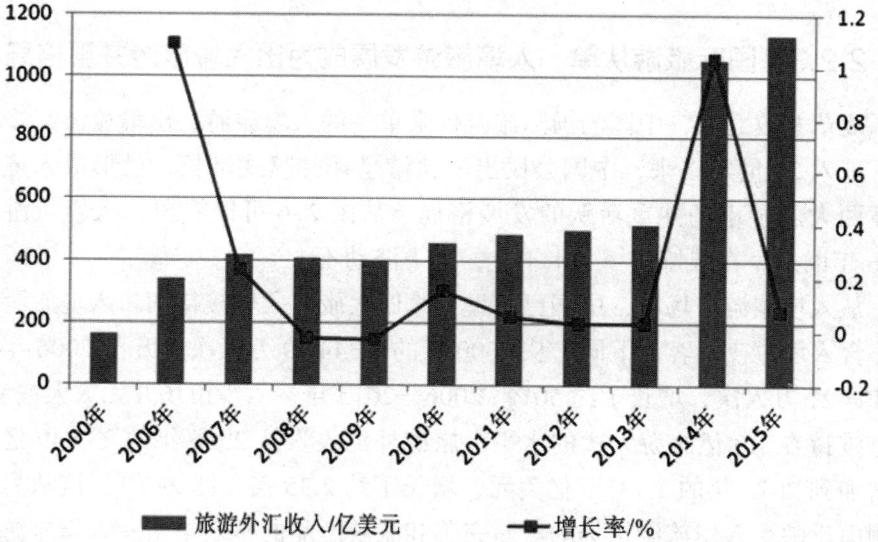

图 2-7　2000—2015 年旅游外汇收入及增长率

从出境旅游市场看，中国是全球增长最快的客源输出国之一。由图 2-8 可以看出，2014 年，中国大陆公民出境旅游人数突破 1 亿人次，达到了 1.09 亿人次。目前，中国公民出境旅游目的地已扩大到 151 个国家和地区，中国已成为世界重要的旅游客源国。2006—2015 年，我国的出境旅游人次呈现出了持续增长的趋势。

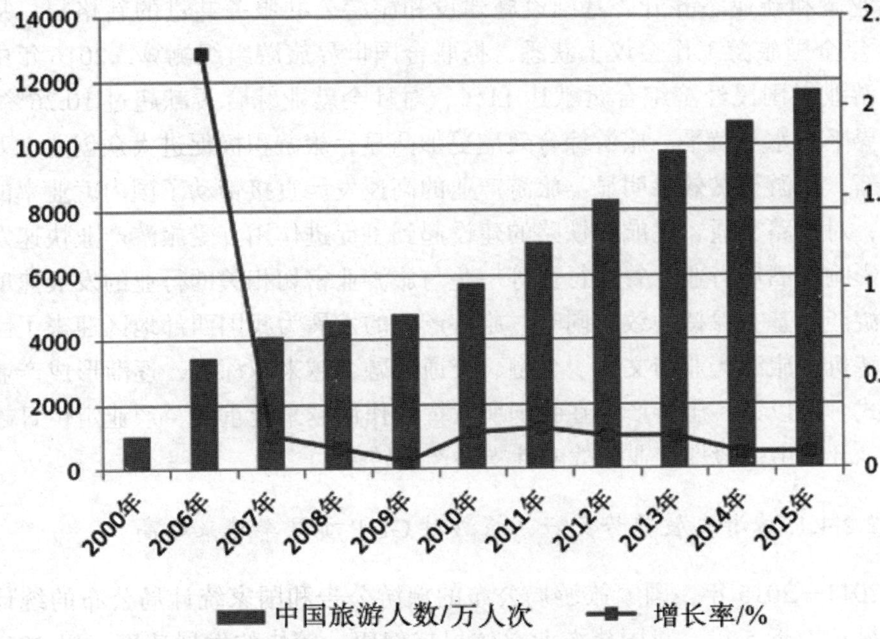

图 2-8　2000—2015 年出境旅游人数及增长率

2016 年，国家旅游局发布《2016 年上半年旅游统计数据报告》。报告显示，2016 年上半年，我国旅游市场规模稳步扩大，继续领跑宏观经济。其中，国内旅游 22.36 亿人次，比上年同期增长 10.47%；出入境旅游 1.27 亿人次，增长 4.1%；上半年实现旅游总收入 2.25 万亿元，增长 12.4%。报告分析，下半年，旅游业将继续领跑宏观经济。国内旅游继续保持两位数的增速，入境旅游有望达到 4%的良好增长势头，出境旅游将维持 4%左右的增速。

从上述数据分析可以看出，随着我国国民人均收入的增加和人民生活水平的提高，出境旅游发展迅猛，并呈现出持续增长的趋势。我国国际旅游已经由之前的单一入境旅游发展成为出入境旅游并重格局，其中出境旅游市场更加活跃、发展潜力巨大。

2.2.4 旅游产业由一般性产业向战略性支柱产业转变

我国的旅游产业在传统的“吃、住、行、游、购、娱”六要素基础上，逐渐形成“吃、厕、住、行、游、购、娱”和“文、商、养、学、闲、情、奇”旅游综合要素体系，并初步形成观光旅游和休闲度假旅游并重、旅游传统业态和新业态齐升、基础设施建设和旅游公共服务共进的新格局。从2017年全国旅游工作会议上获悉，据联合国世界旅游组织测算，2016年中国旅游业对国民经济综合贡献达11%，对社会就业综合贡献超过10.26%，与世界平均水平持平。旅游综合效应更加凸显，旅游积极促进大众创业、万众创新，旅游扶贫效果明显。旅游产业的高速发展直接带动了国内就业率的增加，对道路交通、民航和铁路的建设起到了促进作用。受旅游产业快速发展的影响，酒店行业、餐饮行业等一些与旅游业密切相关的行业的发展速度与旅游产业基本保持一致。同时，旅游产业的发展为我国西部地区迎来了巨大的转机。旅游产业与文化、金融、交通的融合越来越深入，逐渐形成产业链形式。可以说，旅游产业在我国所发挥的作用越来越重要，产业定位日趋明显，开始由一般性产业向战略性支柱产业转变。

2.2.4.1. 旅游发展趋势良好，旅游对GDP贡献率越来越高

2011—2015年，国家旅游局公布的旅游公告和国家统计局公布的统计报表显示，近5年，我国旅游业总体保持健康、较快的发展速度。以2015年为例，国内旅游人数400 000万人次，收入34195.1亿元，分别比上年增长约10.8%和12.8%。入境游客13382万人次，国际旅游收入1136.5亿美元，增长约4.1%和7.8%。全年实现旅游业总收入41 300亿元，同比增长约10.7%（表2-1）。

表2-1　我国旅游收入统计表

	2015年	2014年	2013年	2012年	2011年
入境游客 / 万人次	13382	12849.8	12907.8	13240.5	13542.4
国内游客 / 万人次	400 000	361 100	326 200	295 700	264 100
国际旅游收入 / 亿美元	1136.5	1053.8	516.64	500.28	484.64
国内旅游总收入 / 亿元	34195.1	30311.9	26276.1	22706.2	19305.4
总收入 / 亿元	41300	37300	29500	25900	22500

根据上述统计数据，绘制我国旅游业年收入折线图（图 2-9）。近 5 年的统计数据显示，我国旅游业保持着持续快速的发展势头。尤其是 2015 年国内旅游市场增强对外国游客的吸引力，国际旅游收入同比增长约 7.8%。

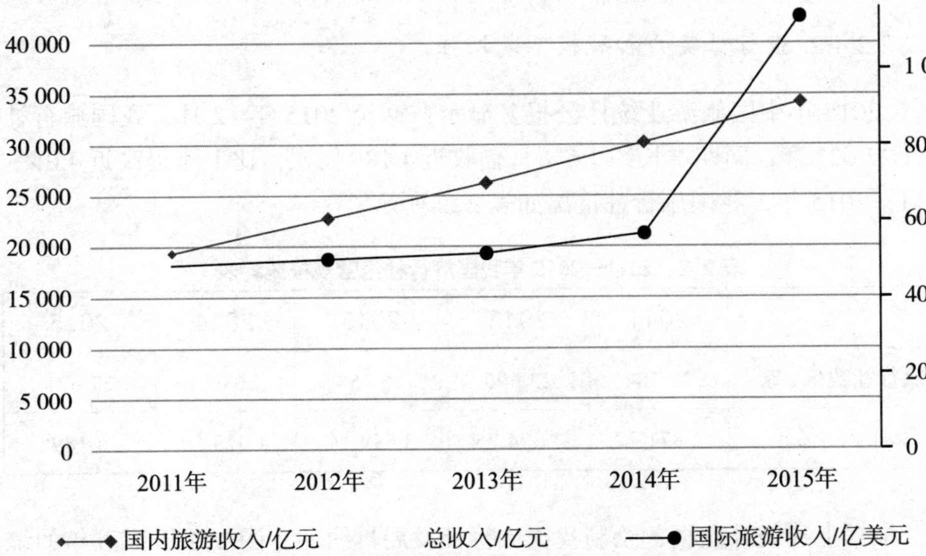

图 2-9　国内旅游收入、国际旅游收入、总收入折线趋势图

韩勇、郑远强（2003）在《海南省旅游业对经济影响效果的实证分析》中，应用灰色理论分析旅游业与国民经济三次产业的关联性，解释旅游业与国民经济发展的协调性，最终得出旅游业与第三产业的关联度最大，与第二产业的关联度最小。[①] 李红玉、李阳（2013）在《天水市旅游业对经济发展影响的实证分析》一文中，结合数据论证了天水市旅游业对经济发展的重要性，并分析了天水市旅游业的发展情况，运用一元线性回归方程实证了旅游业收入增减对天水市 GDP 的影响。结果表明，随着旅游业的发展，天水市旅游业收入每增加 1 亿元，GDP 将增加 6.08 亿元，旅游业收入对天水市 GDP 的贡献率为 16.45%。[②]

2015 年，全国旅游业对 GDP 的直接贡献为 3.32 万亿元，占 GDP 总量比重为 4.9%；综合贡献为 7.34 万亿元，占 GDP 总量的 10.8%。旅游直接

① 韩勇，郑远强．海南省旅游业对经济影响效果的实证分析 [J]. 海南大学学报：人文社会科学版，2003（1）：50-53.

② 李红玉，李阳．天水市旅游业对经济发展影响的实证分析 [J]. 现代商业，2013（6）：32-33.

就业 2 798 万人，旅游直接和间接就业 7 911 万人，占全国就业总人口的 10.2%。国内旅游市场持续高速增长，入境旅游市场企稳回升，出境旅游市场增速放缓。

2.2.4.2. 旅行社实力和规模不断增强

《2015 年中国旅游业统计公报》显示：截至 2015 年 12 月，我国旅行社合计 27 621 家，同期增长约 3.6%；创收近 4 189 亿元，比上年提高近 4.0%。2011—2015 年，我国旅行社情况如表 2-2 所示。

表 2-2　2011—2015 年我国旅行社经营规模统计表

	2011	2012	2013	2014	2015
旅行社数量 / 家	22 784	23 690	26 054	26 650	27 621
总收入 / 亿元	2 871.77	3 374.75	3 599.14	4 029.59	4 189

根据上述统计数据，绘制我国旅行社发展折线图（图 2-10）。五年的统计数据显示，我国旅行社发展呈良好的势头。

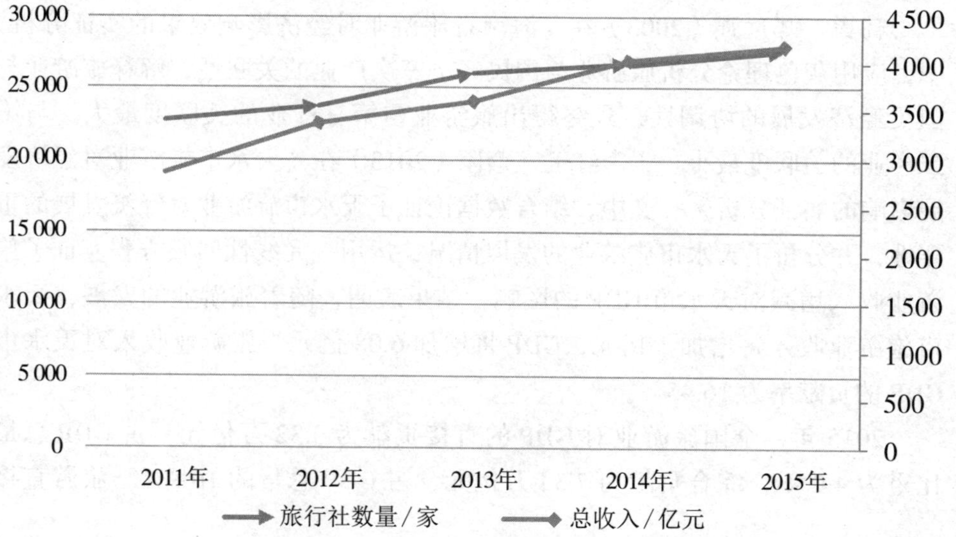

图 2-10　我国旅行社发展折线图

2.2.4.3. 星级饭店发展平稳，快捷经济型酒店势头发展迅猛

《2015 年中国旅游业统计公报》显示，我国星级饭店总数 12 327 家，财务数据完成填报的有 10 550 家星级饭店，拥有客房 146.3 万间，床位 259.4 万张；拥有固定资产原值 5 461.3 亿元；实现营业收入总额 2 106.8 亿元；上缴营业税金 136.5 亿元；全年平均客房出租率为 54.2%。

表 2-3　2011—2015 年全国星级酒店发展情况

	2011	2012	2013	2014	2015
星级饭店数量 / 家	13 513	12 807	13 293	12 803	12 327
总收入 / 亿元	2 314.82	2 430.22	2 292.93	2 151.45	2 106.8

图 2-11 为我国星级酒店发展折线图。

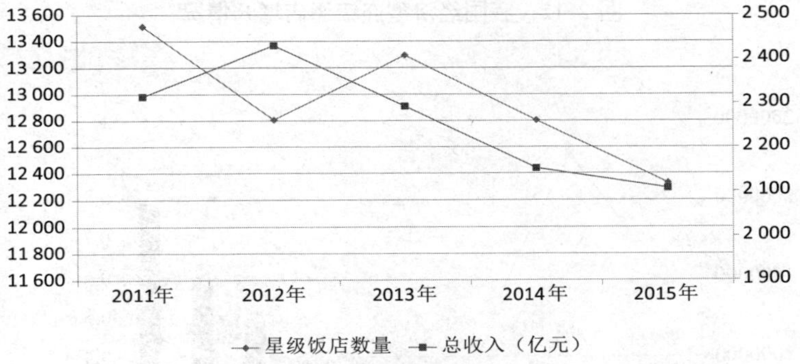

图 2-11　我国星级酒店发展折线图

2011—2015 年，高星级酒店陷入了平稳持续下滑的发展状态。而随着自驾游的兴起以及从观光旅游向休闲旅游的转变，经济型酒店自 2005 年以来进入了快速井喷式发展（表 2-4）。

表 2-4　2005—2015 年经济型连锁酒店发展情况

	2005	2006	2007	2008	2009	2010	2011	2012	2013	2014	2015
酒店量 / 家	522	906	1 698	2 805	3 757	5 120	7 314	9 924	12 727	16 375	21 481
客房量 / 间	56 854	98 817	188 788	312 930	412 840	544 210	747 045	981 712	1235 833	1525 471	1969 145

图 2-12、图 2-13 分别显示了我国经济型连锁酒店数量增长情况和客房数量增长情况。

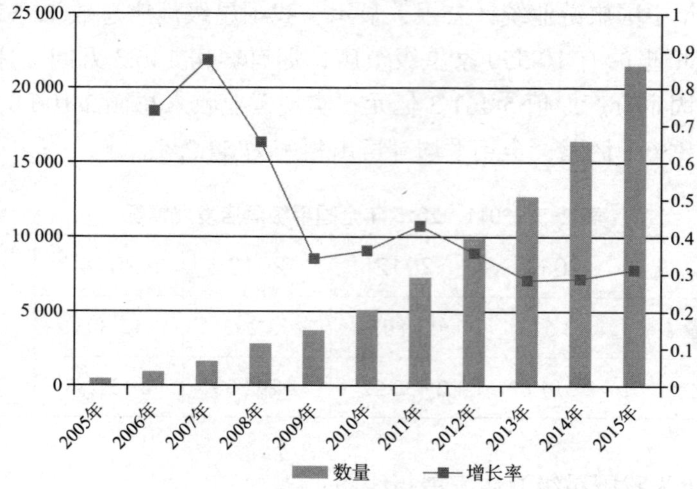

图 2-12　我国经济型连锁酒店增长情况

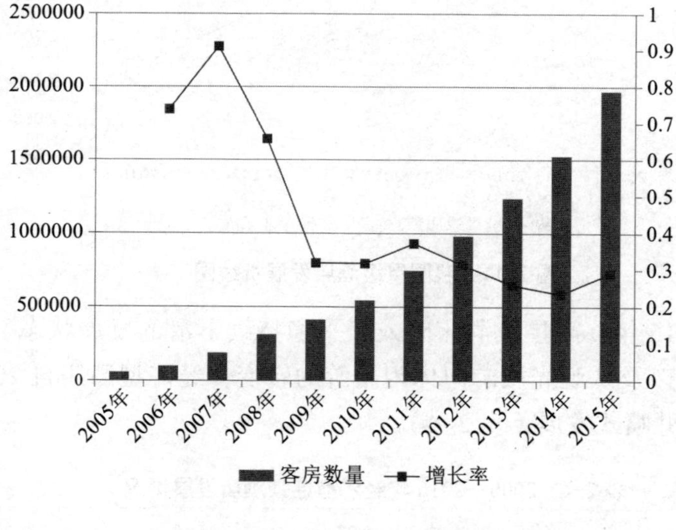

图 2-13　我国经济型连锁酒店客房数量增长情况

2.2.4.4. 旅游产业链的带动作用影响巨大

旅游业是一个边缘性、集合性的产业，与其他众多产业部门均有着较为普遍的技术经济关联。因此，产业关联度高、产业波及效应明显是旅游业的天然特征。旅游业与其他行业之间的关联主要表现在产品与服务的关联、生产技术关联、投入产出关联、劳动就业关联以及投资关联等。旅游业能够带动和促进工业、农业、建筑业、交通运输业、邮电通信业、房地产业、对外贸易、餐饮业、文化娱乐业、民间手工业等行业的发展，对区域经济的贡献率远远高于其他行业。所以，促进区域经济的全面发展就要扩大产业关联度，把旅游业发展的落脚点放到带动相关产业发展上，促进产业联动，从而形成旅游产业链。根据旅游市场需求促进、引导相关产业的发展，特别是工农业的发展，为旅游业提供质优价廉、适销对路的产品，同时加快交通等旅游基础设施的建设，为旅游业创造较好的经济效益提供前提条件。这样，才能提高旅游业的综合效益，才能形成辐射、扩展效应，才能更好地促进区域经济全面发展。①

2.2.5　旅游综合功能优势日益凸显

改革开放前，中国旅游业是中国外交事务的组成部分，对增进国家友谊和促进国际交流起到了积极作用，但尚不具备现代产业特征。改革开放后，中国旅游业迅速成长为国民经济的重要产业，并在政治、经济、社会、文化、生态等领域显示出巨大活力。旅游业与 110 多个行业相关、融合发展，对国家调结构、扩消费、稳增长、惠民生都起到了积极作用。总体上实现了六大发展转变：一是从外交的边缘向外交的前沿转变；二是从经济建设的边缘向经济建设的主战场转变；三是从经济增长点向第三产业的重点转变；四是从传统粗放型、数量型旅游发展方式向集约型、创新型发展方式转变；五是从扩大就业岗位重任向就业、旅游扶贫的重任转变；六是旅游发展的主体从以政府为主向政府、企业、社会共同参与的多主体、多类型、全方位推进（图 2-14）。如今，旅游业对社会公共服务、地区综合管理水平的要求进一步提高，而且对中国城镇化建设、乡村脱贫致富、生态保护、实现美丽中国等起着重大作用。

① 闫红瑛 . 西藏旅游业发展与区域经济增长的实证分析 [J]. 旅游世界：旅游发展研究，2012（4）：6-10.

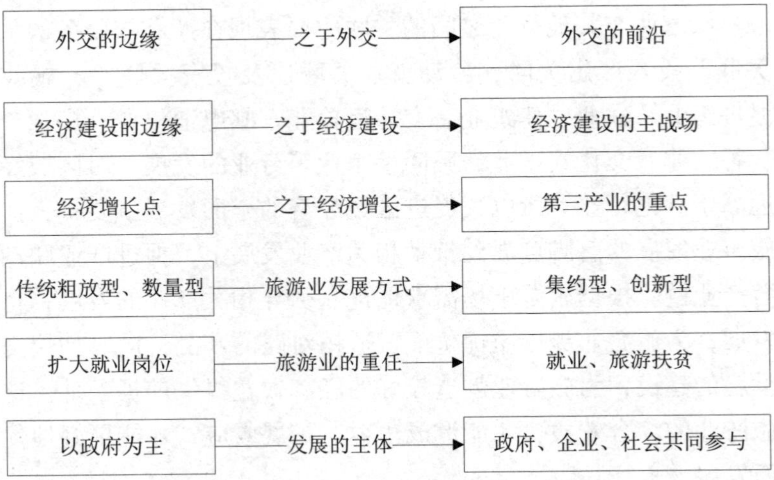

图 2-14　旅游在产业发展过程中的六大转变

2.2.6　旅游业形成了国家与地方、政府与企业、社会共同推进的大格局

改革开放初期，中国旅游业发展的热点区域主要集中在北京、上海、广州、西安、桂林等少数城市和黄山、峨眉山等著名旅游景区。如今，旅游业发展已遍及全国，成为国家和地方经济增长的重要驱动力。几乎所有的省（区、市）都将旅游业作为战略性支柱产业，一系列在更大范围内的区域旅游合作品牌相继产生。文化和旅游部与各省、区、市建立了推进战略合作机制。2014 年，国家成立国务院旅游工作部际联席会议制度，成员单位包括文化和旅游部、外交部、发改委等 28 个部门。在国家政策引导和支持下，全国各类金融机构、非旅游类大型企业集团也开始纷纷参与旅游业的投资与经营，形成了多层面、多区域、多形式推进旅游业发展的大格局。

2.3　我国旅游产业发展 SWOT 分析

我国旅游产业的发展在“十三五”规划期间有着自身独特的历史机遇和内部优势，也面临着各种问题，具体分析如下。

2.3.1　内部优势（strengths）

我国旅游产业有着丰富的自然资源和文化资源。目前，我国形成了以黑吉辽为代表的林海雪原火山生态旅游区，以京津冀鲁豫晋皖为代表的华夏文明名山古迹旅游区，以川渝鄂湘为代表的山川峡谷巴楚文化旅游区，以滇黔桂为代表的岩溶地貌民族风情旅游区，以闽粤琼为代表的椰风海韵侨乡城市旅游区，以内蒙古为代表的大漠草原家族风情旅游区，以青藏为代表的高原雪域宗教文化旅游区，以港澳台为代表的海岛都会中西文化旅游区。旅游业作为惠民生的重要产业，成为改善民生的重要内容，将推动各级政府更加重视旅游业发展，促进更多的城乡居民参与旅游，带动企业投资旅游，进一步优化旅游业发展环境。

2.3.2　内部劣势（weaknesses）

我国旅游资源开发规划尚不成熟，从事旅游资源开发规划的多为一些相关学科的兼职业余人员。他们大多没有经过系统的旅游资源开发教育培训，不了解旅游资源开发规划的具体环节，对旅游资源开发具有一定的盲目性，容易在开发过程中破坏旅游资源。目前经营的旅游产品中存在旅游服务体系不完善、接待水平低、景区管理混乱、缺乏专业管理人员、旅游从业者素质低下等问题。另外，各大景区营销程度参差不齐，有些旅游资源地开发档次低、基础设施落后、客源市场范围狭窄。其中，最关键的问题是缺乏必要的基础设施，因此必须加强基础设施建设，如道路建设、水电建设等。基础设施建设与产品开发的投入相比，基础设施建设投资规模较大，有价值的产品相对较少，适游期短，投资回收周期较长，存在项目开发对投资商吸引力小的问题。在旅游产业发展过程中，一方面，旅游资源的开发建设周期较长、资金投入高、风险大；另一方面，旅游资源过于分散，规模经营效应不能很好地体现出来。

2.3.3 外部机遇（opportunities）

在基础设施方面，我国的旅游饭店、旅游交通、文化娱乐和各种体育、疗养设施等旅游产业基础设施建设和软件资金投入在近20年都有显著提升。在法律方面，我国建立了国务院旅游工作部际联席会议制度，各地出台了旅游条例等法规制度，形成了以旅游法为核心、以地方条例为支撑的法律体系，为旅游行业提供了法律支撑。

大众旅游消费持续增长有助于发挥旅游行业资源消耗低、带动系数大、就业机会多、综合效益好的优势，进而促进旅游产品需求和旅游产品供给方面的改革。同时，旅游产业通过市场配置资源和更为有利的产业发展导向，促进增加有效供给，促进中高端产品开发，优化旅游供给结构，推动旅游业由低水平供需平衡向高水平供需平衡提升。

古老的东方文明对于西方人来说具有莫大的吸引力，神秘的中国古文化和少数民族文化具有独特的魅力，这对我国拓展国际旅游市场具有很大的优势。

旅游业被确立为幸福产业有利于优化旅游发展环境。旅游业作为惠民生的重要领域，成为改善民生的重要内容，将推动各地发展更加重视旅游业发展，促进更多的城乡居民参与旅游，带动企业投资旅游，旅游业发展环境将进一步优化。

全球旅游业将持续稳定发展，增速将继续高于世界经济增速。亚太地区旅游业保持强劲增长，全球旅游重心将加速东移，我国旅游业发展处于较为有利的国际环境之中。

2.3.4 外部威胁（threats）

虽然中国文化对国际游客有着很强的吸引力，但是面对国内消费者消费水平和旅游需求的不断提升，国际旅游市场推出的适合中国消费者的旅游产品对中国消费者同样具有很大的吸引力。面对旅游者探奇观新的心理，中国旅游市场面临着国际旅游市场的巨大竞争。

第 3 章　金融支持旅游产业发展的现状研究

3.1　金融支持旅游产业发展的作用机制

资金融通是金融的主要功能。金融通过积聚社会闲散资金、优化资源配置的功能促进产业发展，产业发展又反过来促进金融体系的不断完善。在旅游产业中，金融也发挥着举足轻重的作用。金融不仅通过市场行为推动旅游产业的发展，还可以由政府通过宏观调控来推动旅游产业发展。因此，金融支持旅游产业发展主要表现在两个方面。一方面，通过市场性金融支持的方式为旅游企业提供融资渠道，为旅游消费者提供旅游保险、旅游消费贷款和银行卡支付结算等金融服务；另一方面，通过政策性金融支持的方式为旅游产业发展提供资金支持和优惠政策。

3.1.1　金融支持旅游产业的作用机制

金融支持旅游产业发展的基本原则是自身经营的稳定性、安全性、流动性，在不违背这一原则的基础上，灵活运用金融工具，努力实现以下功能：第一，为旅游产业提供多元化融资渠道；第二，引导金融资源在旅游产业合理分配；第三，降低旅游企业的融资成本；第四，提供金融咨询服务，帮助旅游企业规避道德风险。金融对旅游产业的支持主要通过政府和各级金融机构来实现，政府、银行、资本市场是金融支持活动的主要承担者。资本主要来源于社会资金和政府财政。社会资金主要集中在商业银行和资本市场，这些资金在政府产业政策和产业规划的引导下进行配置，向旅游产业流动；财政资金通过政府拨款的形式投入旅游产业。在资本投入旅游产业的同时，银行和资本市场为满足旅游产业的需要，将不断完善对其提供的各种金融服务。当资本需求得到满足，旅游企业可以进一步调整企业规模，完善企业运营制度，提高产品和服务质量，提高开发创新的力度，形成规模效应并树立自己的品牌。旅游企业的发展又可以推动产业集群的形成，最终推动整个旅游行业的发展。金融支持旅游产业的作用机制如图 3–1 所示。

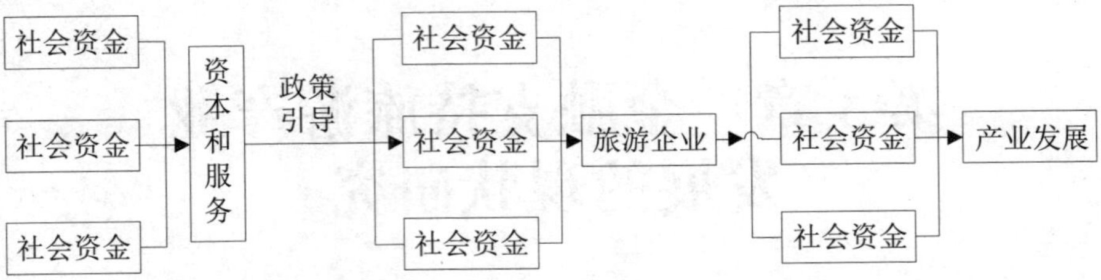

图 3–1　金融支持旅游产业的作用机制

3.1.2　市场性金融支持的作用机制

金融支持旅游产业发展中，市场性金融提供支持的渠道主要有三个：一是通过银行信贷支持提供间接融资渠道；二是通过资本市场（含股票市场、债券市场、产业投资基金）提供直接融资渠道；三是通过金融服务为旅游消费者提供旅游保险、旅游消费贷款、银行卡支付结算等服务。旅游企业通过直接融资和间接融资市场的资源配置功能筹集所需资金，旅游消费者则通过享受旅游金融服务完成旅游消费行为，这样就完成了旅游产品从生产者到消费者之间的资金流通过程。在市场作用机制的调节下，金融资产向旅游产业转移，进而带动旅游产业的发展。市场性金融支持旅游产业发展的作用机制如图 3–2 所示。

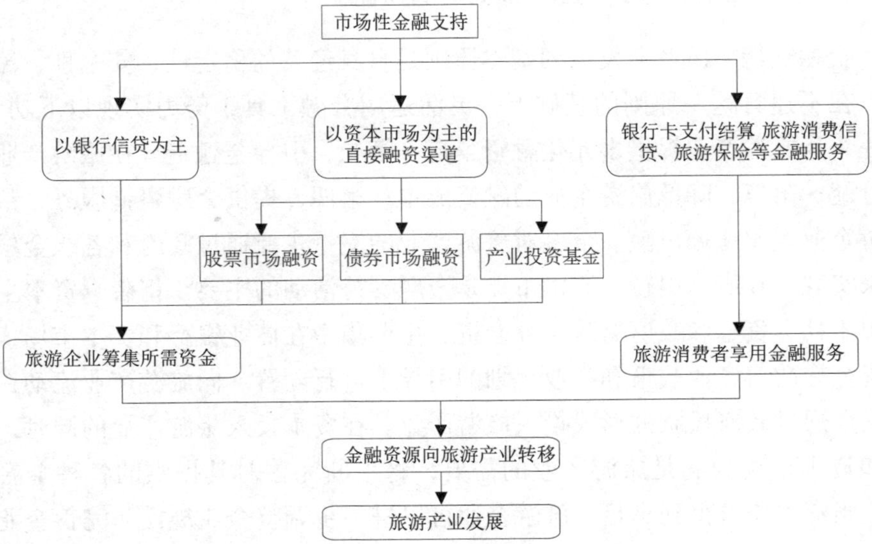

图 3–2　市场性金融支持旅游产业发展的作用机制

3.1.2.1. 银行信贷为旅游企业提供间接融资渠道

间接融资是企业或个人通过金融中介机构间接地向资金供给者融通资金。具体来说，就是拥有暂时闲置资金的一方通过存款或购买银行、信托、保险等金融机构发行的有价证券，将资金提供给金融中介机构，这类机构再将吸收到的资金通过贷款、贴现或购买有价证券等形式，把资金提供给资金需求方，从而实现资金的融通。其中，银行信贷是企业进行间接融资的最常见方式，为企业迅速筹集所需资金提供了便捷的渠道。旅游产业在进行项目投资的过程中建设期较长决定了旅游产业在发展过程中需大量的资金注入，而银行信贷活动能够大幅度降低储蓄转化为投资的信息成本、交易成本，解决旅游企业运营中的资金缺口问题，提高资金的运用效率，为旅游产业发展获取资金创造了条件。

此外，商业银行在经营过程中坚持安全性、收益性、流动性三大原则，对银行贷款的发放会进行严格的审批和筛选。那些发展前景好、抗风险能力强的旅游企业更容易获得银行的信贷支持；相反，那些成长性差、抗风险能力弱的旅游企业则很难通过银行信贷渠道筹集资金。银行机构在决定是否向某一旅游企业发放贷款前，会对该旅游企业的财务状况、盈利水平、经营管理、偿债能力等方面进行综合考察，从中筛选出优势旅游企业，将不具备贷款条件的旅游企业排斥在外。银行信贷的这种“歧视性”做法加大了旅游企业间接融资的难度，但是对提高旅游企业竞争力、促进旅游产业的健康有序发展意义重大。再者，商业银行通过信用创造功能为旅游产业发展提供更充裕的资金支持。商业银行在吸收存款的基础上发放贷款，在支票的流通和转账结算的前提下，贷款的企业或个人并不完全支取现金，而是转入其银行存款账户。这样，原始存款经贷款后又形成一笔新的存款，增加了商业银行的资金来源。这个过程周而复始、循环往复，最终整个银行体系可以形成几倍于原始存款的派生存款，从而扩大了社会信用量，加速了产业资本的形成，增加了旅游产业项目投资的资金供给。

3.1.2.2. 资本市场为旅游企业提供直接融资渠道

旅游企业除了通过银行信贷进行间接融资外，还可以通过金融市场进行直接融资。直接融资是没有金融中介机构接入的资金融通方式，以商业票据、股票、债券等为主要金融工具，资金盈余单位在金融市场上直接向资金短缺单位购买证券，获取资金，不必经过任何的中介环节。资本市场是金融市场组织的重要组成部分，也是企业直接融资的主要渠道，按照融通资金的方式划分，包括银行中长期信贷市场和证券市场。本研究中将资本市场定义为股票市场、债券市场和产业投资基金市场。

（1）股票市场为旅游企业筹集所需资金提供了便利。旅游企业可以通过发行股票筹集资金。一级市场是股票融资的主要渠道，符合一定条件的旅游企业可以申请上市，通过面向社会大众发行股票，迅速集中大量的资金，实现生产经营规模的扩张。同时，由于股票投资的不可偿还性，旅游企业对所筹集到的资金不必还本付息，可以长期使用，有利于旅游企业的持续经营和扩大再生产，满足了旅游项目投资周期长对资金的需求，有效地解决了旅游产业发展中面临的资金短缺问题。

二级市场是股票流通转让的场所，投资者可以根据市场变动和决策分析，随时买卖股票。流通市场上的股票价格灵敏地反映出了市场供求状况和企业经营的好坏。有着良好经营业绩的旅游企业，其利润的上升可以促使资产收益率提高、股价上涨，从而吸引更多的投资者购买该类公司的股票，企业的筹资能力增强；反之，经营业绩差的企业，其股价持续走低，对投资者的吸引力不够，很难筹集到大量的资金，面临被市场淘汰的可能。因此，上市旅游企业可以根据股权的转移和股价的涨落审视自身的经营状况，不断建立和完善自我约束、自我发展的经营管理机制，通过股票市场获得更加充裕的资金，促进旅游产业的发展。

（2）债券市场为旅游企业筹集所需资金提供了可能。债券市场主要由政府债券、金融债券和企业债券组成。在西方国家，债券融资规模比股票市场更大，而且只有信誉度较高的企业才能进入债券市场进行直接融资。在我国，债券市场发展缓慢，远达不到股票市场的发育程度，规模最大的债券品种仍然是政府债券，企业在债券市场上发行债券筹集资金的难度较大。不过，债券市场确实为一些财务状况良好、经营业绩佳、信用程度高的大型旅游企业直接融资提供了一种可能的选择。旅游企业通过发行债券的方式，将社会上闲散的资金集聚起来，投放到旅游项目的开发、经营之中，在一定程度上弥补了旅游产业发展中的资金短缺，进而推动了旅游产业更快、更好地发展。

债券市场对实现旅游产业资本要素的优化配置也具有一定的促进作用。债券一级市场是筹资人发行债券的市场，新的债券初次进入债券市场，投资者根据企业发布的信息了解企业的经营状况和信用等级，对不同类型债券的收益率和风险性进行比较权衡，从而决定是否进行投资。发展前景好、经济效益高的旅游企业发行的债券会受到投资者的青睐，发行利率低、筹资成本也低，企业更容易筹集到所需资金；相反，实力不够强、经营效益差的旅游企业发行的债券风险较大，不受投资者欢迎，发行利率高、筹资成本高，企业很难获取所需资金。债券二级市场是债券流通转让的场所，投资者可转让债券，将持有的债券变现。旅游企业可以作为机构投资者持有债券，行业透明度高、市场前景好的旅游企业更容易将持有的债券转让出去，获取资金支持。因此，债券市场使资金向实力雄厚的旅游企业流动，实现了资本要素的优化配置，带动了旅游产业的繁荣。

（3）产业投资基金拓宽了旅游产业发展的融资渠道。产业投资基金是一种集合投资制度，其投资方向定位于实业投资，通过对产业中未上市企业进行股权投资，并且提供专业化的经营管理来共享利益、共担风除，具有高风险性与高收益性并存的特点。产业投资基金作为一种新型的投融资工具，可以将社会闲散资金聚集起来，由基金管理人进行投资运作，基金托管人负责资产托管，以股权形式投资于高新技术产业、基础产业和支柱产业，顺利实现储蓄向投资的转化。产业投资基金介入旅游产业后，可以通过投资功能、融资功能改善旅游企业的融资结构，为旅游企业直接融资拓宽渠道，吸引更多的社会闲散资金投资到旅游企业中，特别是为解决中小旅游企业融资难问题提供了新途径。产业投资基金对旅游产业的促进作用不但体现在对旅游企业的资金支持上，而且能够为旅游企业提供多方面的专业化服务，如对企业日常经营进行监督管理，对企业内部组织结构进行调整，引导企业建立现代企业制度等，从而促进旅游企业健康成长。

3.1.2.3. 金融机构为旅游消费者提供金融服务

从旅游消费者的立场看，市场性金融支持旅游产业发展的内在机制在于金融能够为旅游消费者提供各种优质的旅游服务，使旅游者充分地享受到旅游经历带来的喜悦感和满足感，从而吸引更多的人加入旅游活动中，促进旅游产业的可持续发展。银行卡支付结算为旅游消费者的“吃、住、行、游、购、娱”提供了简便、快捷、便利的付款方式，避免了携带大量现金旅游的麻烦。金融机构要为旅游业各方提供方便快捷、高效安全的支付结算手段。具体来说，要将金融机构网点深入旅游景区、星级宾馆、重点旅行社、商场和交通运输系统，为游客异地取现或持卡取现提供方便；在旅游景区、消费购物点大力推广刷卡消费结算业务，为游客的资金携带方便性与安全性提供保障；根据市场需要，创新金融业务品种，如提供小额旅游贷款等满足旅游消费者的需求；要重视国际游客的金融服务需要，提供外币兑换、外卡取现、国际转账、本外币通用信用卡等全面的个人金融服务；为各旅行社之间的资金往来提供高效的结算手段，减少资金来往时滞。另外，金融机构还要主动迎合旅游业收付外汇的潜在需求，开发安全便利的外汇服务业务。

金融机构提供的保险支持是发展旅游业的必备条件。旅游业是“朝阳产业”，但不确定性较强、风险较高，所以大力发展旅游业亟须得到保险业的支持，需要加大保险业对旅游业发展的支持力度。旅游保险为游客提供了风险的转嫁，使消费者可以放心旅游，有利于促进旅游消费，同时消除了旅行社等旅游产业的后顾之忧，为旅游经营者可能承受的巨额损失提供了补偿，促进了旅游业的快速发展。另外，旅游保险为旅游者旅行途中可能发生的各种意外提供了保障，包括人身意外保障、医疗费用保障、个人财物保障、个人法律责任保障等。商业保险机构积极开发多层次的保险需求市场，加强保险险种的研发，不断创新旅游保险产品，加大对游客的人身保险投入和旅游服务企业的保险投入，实现了旅游业和保险业发展的双赢。

3.1.3 政策性金融支持的作用机制

在政策性金融支持方面，政府的财政补贴是一方面，但本书主要考虑的是政府的政策性金融支持，通过金融政策与产业政策的相互配合，引导资金合理流动，最终解决旅游产业资金不足的问题，实现旅游产业的快速发展。政策性金融对旅游产业的支持作用分间接和直接两个方面：一是政策性银行对旅游产业的信贷支持，属于间接影响；二是政府直接建立旅游发展基金，用以解决旅游产业发展中的资金不足问题，属于直接影响（图 3–3）。

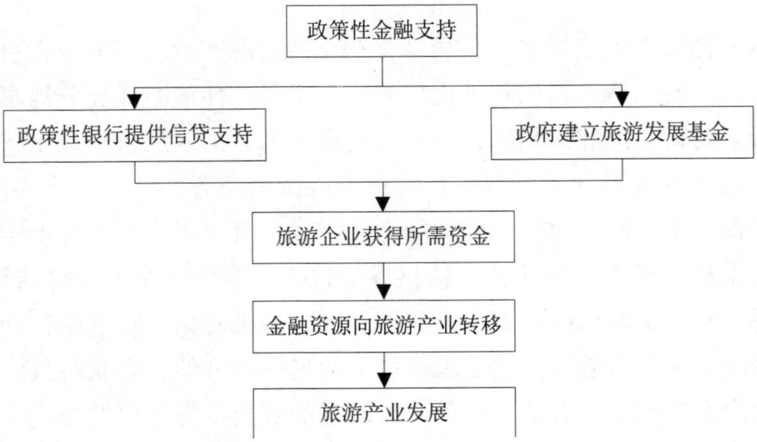

图 3–3　政策性金融支持的作用机制

3.1.3.1. 政策性银行为旅游产业发展提供资金支持

政策性银行是由政府创立、参股或保证的，不以营利为目的，为了贯彻国家特定的产业政策或区域发展政策，在一定业务范围内从事政策性投融资活动的金融机构。政策性银行具有商业性银行不具备的特殊职能，可通过信贷投放扶持某些商业性金融机构不愿介入的高风险领域或行业，弥补市场机制缺陷，在带动产业发展之后，引导商业信贷投向这些领域，从而促进产业结构的调整和优化，推动经济社会发展。

旅游产业在带动区域经济增长、拉动内需、扩大就业、调整经济结构等方面发挥了巨大作用，但是旅游产业投资一般具有期限长、收益率低、风险高、金额大的特点，明显违背了商业银行追求利润最大化的目标，因此商业银行不太愿意进入旅游行业进行投资，旅游产业发展面临的资金缺口问题比较突出。此时，政策性银行对旅游产业进行扶持非常重要。总体上看，旅游业的公益性比较强，一些文物古迹、风景名胜和文化习俗等均属于全体公民所有，必须掌握在国家手中，因此政府要采取一定的手段对旅游业的发展进行扶持。另外，很多偏远、贫困地区经济发展落后，基础薄弱，但旅游资源很丰富，旅游项目的开发和经营同样离不开政府的行政干预。政策性银行作为国家产业政策和区域政策的执行者，可以通过多种手段对旅游产业的发展提供支持，其中最有效、最常见的一种方式就是发放旅游发展贷款，为旅游景区维护、文化古迹保护、道路交通规划、旅游企业运营等提供全方位的资金支持，填补旅游产业发展中的资金缺口，促进旅游产业和地方经济的可持续发展。①

3.1.3.2. 政府直接建立旅游发展基金支持旅游产业发展

为了解决旅游产业面临的资金不足问题，政府可以直接建立旅游发展基金，扶持和促进旅游产业的发展。需要指出的是，本书所研究的旅游发展基金不同于政府财政部门转移支付的旅游发展专项资金（如红色旅游专项资金、历史文化名城名镇名村专项保护资金等），是政府通过金融市场，利用各种金融工具，向社会广泛筹集资金，用于支持地方旅游产业发展，而专项资金具有财政性质，不在政策性金融支持的研究范围内。例如，政府部门

① 闫红瑛 . 西藏旅游业发展与区域经济增长的实证分析 [J]. 旅游世界：旅游发展研究，2012（4）：6–10.

可以发行旅游债券，引导社会闲散资金流向旅游业；还可以与金融机构相配合，通过各种旅游金融工具筹集资金，投入旅游产业发展中，帮助旅游企业打破资金“瓶颈”。[①] 旅游发展基金的设立可以为旅游产业发展提供一个良好的金融平台，为旅游企业提供更多的融资渠道，为旅游产品的创新、景区景点的建设、旅游路线的设计、旅游接待等诸多方面提供强有力的资金支撑，对打破旅游产业发展资金“瓶颈”有重要意义。[②]

3.2　金融市场支持旅游产业发展的研究

2015年12月24日，国家旅游局正式发布“2015年世界旅游十大新闻”。其中，世界旅游业理事会（WTTC）测算，2015年旅游业对全球国内生产总值（GDP）的综合贡献为7.8万亿美元，占全球国内生产总值的10%，旅游业创造2.84亿个就业岗位，占就业总量的9.5%；中国旅游产业对GDP的综合贡献为10.1%，超过教育、银行、汽车产业，中国旅游就业人数占总就业人数的10.2%。

旅游行业在经济发展过程中扮演着越来越重要的角色，所以无论民间资本还是政策资本都纷纷投入其中。旅游产业的金融资本支持主要分为政策性融资、银行信贷、社会集资、企业自筹、个体独资或合资、引入各种外资等。我国对旅游产业的大部分投资来源主要局限于财政资金、银行信贷、企业自筹。其中，财政拨款占很大一部分。目前，政府对旅游产业的资金支持主要体现在旅游国债、旅游发展基金、政策性银行贷款财政贴息、用于扶持旅游的国家扶贫资金等方面。资本的另一个主要来源为商业性银行的贷款，主要用于对旅游企业的信贷支持。从信贷规模上看，2013年12月，各商业银行贷款余额为19 688.2亿元，各类银行为旅游项目贷款和授信占银行总贷款的1.13%。另外，证券公司等金融机构也对旅游产业在资本市场成功融资发挥着一定的作用。由此可见，我国正在逐步形成“政府引导，三鼎并立”的金融支持旅游产业发展模式。

① 荣洁玉．河北省旅游产业发展的金融支持问题研究[D]. 石家庄：河北经贸大学，2013.
② 金力伟．金融支持云南省旅游产业发展的研究[D]. 北京：中央民族大学，2015.

3.2.1　政府投资支持旅游产业发展现状

旅游业带来的消费、增收、就业等效应远不止于“景区”。业内公认的一项统计表明，与旅游相关的行业超过 110 个。旅游消费对住宿业的贡献率超过 90%，对民航和铁路客运业的贡献率超过 80%，对文化娱乐业的贡献率超过 50%，对餐饮业和商品零售业的贡献率超过 40%。旅游业在国民经济中的占比逐年攀升，对于优化经济结构、推动全省转型升级有很强的带动作用。但是，旅游企业属于轻资产类，投入大、周期长、见效慢，从银行融资缺少合适的抵质押物，大多靠企业主自有资金的投入。以江苏省为例，2013 年，省财政安排专项资金 3.35 亿元，2014 年增加至 3.85 亿元，且年内额外增加了 1 000 万元，2015 年预算增加至 4.45 亿元。年均增幅约 16%，高于一般预算平均增幅 6 个百分点。数据显示，2014 年，江苏省旅游项目完成投资达 1 534.2 亿元，较上年增长 17.6%，高于全省固定资产投资增幅 2.1 个百分点；2015 年，江苏省的旅游业投资 1 800 亿元，较上年增加约 17%。[①] 财政资金虽然每年都在增加，可是在总投入的面前，财政资金就显得杯水车薪。这就需要市场的资金支持和注入。

3.2.2　国内信贷市场支持旅游产业发展现状

近年来，银行业信贷投入和国家产业投入的资金越来越大。传统金融业的主体——银行业也不断从信贷支持方面加大对旅游产业的投入。从历年国家产业投入和银行业信贷资金投入金额来看，2012 年，政府对旅游产业的投资金额为 2 238 亿元，银行信贷的投资金额为 1 076 亿元；2013 年，政府对旅游产业的投资金额已经超过 3 000 亿元，银行信贷的投资金额达到 2 214 亿元，这一差距正在逐年缩小。

尤其是政府在不断颁布与旅游、金融相融合的法律、意见、实施办法的条件下，银行业紧跟政策导向，在各个层面加强金融行业同旅游行业的融合，而且主动抢占旅游产业市场，为旅游产业提供金融服务产品。比如，中国民生银行设立了旅游产业金融事业部，这是我国第一家旅游产业金融专营机构。我国信贷方面支持旅游产业取得了显著效果，为旅游产业发展提供了巨大的资金支持。同时，旅游产业的快速发展为银行业的发展提供了新的增长市场。

---

① 佚名. 国内首只旅游产业发展基金的有益探索 [N]. 新华日报，2015-4-10（5）.

3.2.3 国内资本市场支持旅游产业发展现状

目前，我国沪深股市均有酒店旅游板块，沪市酒店旅游板块有 13 家酒店旅游类上市企业，股本总数接近 300 亿元，资产规模达到 800 亿；深市有 20 家，股本总数为 450 亿元，资产规模达到 1 500 亿元。截至 2021 年 7 月，沪深两市酒店旅游板块合计 33 家酒店旅游类上市企业，合计股本总数为 750 亿元，资产总规模为 2 300 亿元。酒店旅游板块资产总规模占证券市场的 4%，正成为证券市场的重要板块。从分类看，旅游类上市公司共分为餐饮类公司、资源类旅游公司、酒店类旅游公司、综合类旅游公司。从经营范围看，涉外旅游业服务旅游上市公司有 32 家，提供旅游网络服务的仅有 1 家，只占所有上市公司的约 3.1%；资源类上市公司为 13 家，占比约 40.6%。国际旅游服务一直是我国旅游服务的短板，这点在资本市场得到了很好的证明。资本市场投资倾向具有政府背景和产权的资源类旅游公司，资本市场的投资和支持旅游产业发展充分体现了其资本运作的逐利特点。

3.2.4 国内投资市场支持旅游产业发展现状

改革开放以来，随着经济的转型和深化，国内经济进入高速增长阶段，人民收入明显提升，财富积累速度加快，重储蓄轻投资的陈旧观念被市场经济打破，原先庞大的资金储备流向市场，人民对投资的需求日益增长。在这样的背景下，国内首支产业基金于 2006 年正式成立。此后几年，各个行业的产业投资基金成立速度与日俱增。2013 年，中国明石投资管理集团有限公司与铜仁市政府合作，联合发起设立了武陵山旅游基金，该基金是首支国家级旅游产业投资基金。基金总规模为 300 亿元，主要投向旅游资源整合、旅游文化产业及其他延伸产业。相较其他产业投资基金，我国旅游产业投资基金起步较晚，底子较薄。总体来看，我国的旅游产业基金虽然仍在摸索成长阶段，但巨大的发展潜力不容忽视。

3.2.5 投融资模式不断创新，旅游企业加速整合，新业态投资受青睐

除传统旅游投资模式外，创新型旅游投资方式不断涌现。

首先，PPP（Public-Private-Partnership）模式作为一种新的旅游行业投融资模式的出现，成为推动地方旅游基础设施建设和新业态项目建设的新型旅游投资模式。PPP 模式是指政府与私人组织为了提供某种公共物品和服

务，以特许权协议为基础，彼此之间形成了一种伙伴式的合作关系，并通过签署合同来明确双方的权利和义务，以确保合作的顺利完成，最终使合作各方达到比预期单独行动更为有利的结果。2016 年，国家加大支持 PPP 模式投资力度，旅游基础设施和公共服务项目建设逐步扩大 PPP 模式的应用。截至 2016 年 11 月，旅游行业项目 PPP 投资数量 592 个，占 PPP 投资项目总数的 5.7%，总投资额为 6 115 亿元。

其次，产业投资基金快速增长，新业态投资备受青睐。2016 年，旅游产业投资基金快速增长，对旅游业的投资力度不断加大。截至 2016 年底，全国有 126 支旅游产业投资基金，基金规模超过 6 000 亿元。从旅游产业投资基金所在地看，浙江、山东、江苏、四川、山西 5 个省的旅游产业投资基金数量最多，共有 26 支。文化旅游、生态旅游、体育旅游、休闲度假、养老旅游及旅游小镇等是旅游产业基金投资重点，65%的基金投向上述领域。

最后，旅游企业加速整合，并购重组类投资表现突出。2016 年，旅游企业间资源、业务整合型投资增加，国企改革加速推进，以增强国有资本战略性影响力为目的的整合性投资不断增加。中国国旅集团有限公司整体并入中国港中旅集团公司，成为其全资子公司。锦江国际（集团）有限公司收购维也纳酒店及百岁村餐饮，加强对中档酒店的渗透。华侨城战略重组云南世博集团，加快开发地方旅游市场。以谋求快速发展，完善产业链为目的的并购重组不断加剧，其中围绕渠道端和资源端的整合性投资最为突出。首都航空战略投资途牛，加强渠道端建设。携程投资东方航空、久栖，加快对资源端的控制。同程和万达旅业合并，整合万达旗下 12 家旅行社，完善线下环节，谋求线上线下协同效应提升。

3.3　国内目前旅游业投资现状研究

2016 年 5 月 15 日，国家旅游局、山东省人民政府在济南召开 2016 年中国旅游产业投融资促进大会。国家旅游局发布《2016 中国旅游业投资报告》，报告从旅游投资背景、旅游投资现状、旅游投资趋势三方面把脉中国旅游投资发展。2017 年 5 月 18—21 日，由中国政府和联合国世界旅游组织共同主办、国家旅游局和北京市人民政府共同承办的首届世界旅游发展大会在北京举行。大会以“旅游促进和平与发展”为主题，大会规格高、代表性广泛，是世界旅游发展领域在中国举办的一次顶级盛会。会上，国家旅游局发布了《2016 中国旅游业发展报告》。根据《2016 中国旅游业投资报告》和《2016 中国旅游业发展报告》的主要内容，目前我国旅游业投资主要形成了以下格局。

3.3.1 旅游投资快速增长，继续领跑宏观经济

全国旅游投资项目库数据显示，2016 年，全国旅游业实际完成投资 12 997 亿元，同比增长 29%，比第三产业和固定资产投资增速分别高 18 个百分点和 21 个百分点，较房地产投资增速高 22 个百分点。在我国经济下行压力加大的情况下，全国旅游投资继续保持逆势上扬的态势，成为社会投资热点和最具潜力的投资领域。

图 3-4 为 2012—2016 年旅游业实际完成投资情况。

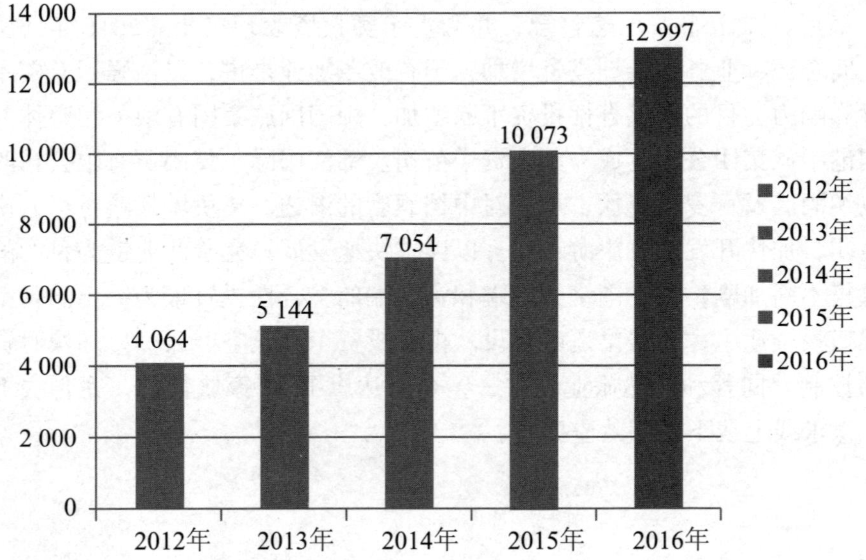

图 3-4 2012—2016 年旅游业实际完成投资情况

图 3-15 为 2012—2016 年旅游投资增长趋势图。

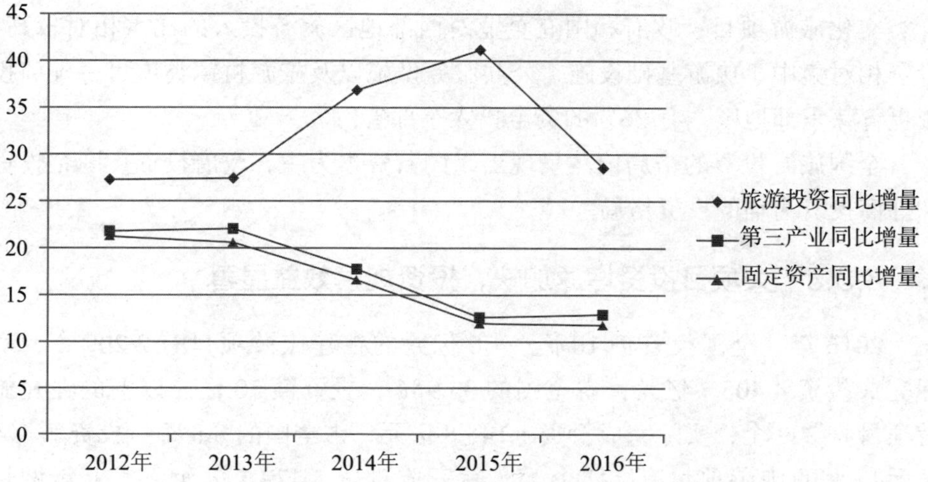

图 3-5　2012—2016 年旅游投资增长趋势图

3.3.2　旅游投资呈现出民营资本为主、政府投资和国企投资为辅的投资格局

2014 年，民营企业投资旅游业 4 100 亿元，2015 年较 2014 年同比增长了 41%，民营企业投资热点从传统制造业、房地产业向现代旅游业转变；政府投资和国有企业投资分别为 1 856 亿元和 1 592 亿元，占全部投资的比例分别为 18.4% 和 15.8%，同比增长分别为 47% 和 39%；外商投资和其他企业投资分别为 191 亿元和 524 亿元，占全部投资的 1.9% 和 5.2%，同比增长分别为 14.2% 和 17.3%，投资增速相对放缓。

2015 年，全国旅游业完成投资 10 072 亿元，较 2014 年的 7 053 亿元同比增长约 42.8%，这是我国旅游业投资首次达到万亿元级别。其中，民营企业投资旅游业 5 779 亿元，约占全部投资的 57.4%。

2016 年，全国旅游投资依然延续民营资本为主、政府投资和国有企业投资为辅的多元主体投资格局。民营企业投资旅游业 7 628 亿元，占全部旅游投资的 58.7%，投资热点从房地产业向旅游综合体及文化旅游转变。政府投资和国有企业投资分别为 2 484 亿元和 1 945 亿元，分别占全部旅游投资的比例为 19.1% 和 15%，政府和国有企业依然是旅游投资的重要主体；股份制企业投资快速增长，占全部旅游投资的 1.5%，同比增长 62%；外商投资和其他企业投资分别占全部的1.5%和4.2%。不同投资主体的投资偏好也有差异。民营资本53%的资金投向经济发达的东部地区，主要投资大型综合类文化旅游项目；政府和国有企业对西部地区旅游投入的比重相对较高，投资相对集中于旅游基础设施、公共服务设施以及旅游村镇类项目；外商投资更青睐东部地区，有76%的资金投入东部省份。

全国旅游投资的格局依然呈现出以民营资本为主，政府投资、国企投资和外商投资为辅的投资格局。

3.3.3 大项目投资增速加快，投资规模效益显著

2016年，全国投资额10亿～50亿元的在建旅游项目有2 209个，实际完成投资4 405.7亿元，占全国的33.9%；投资额50亿元以上的在建旅游项目有299个，实际完成投资1 145.8亿元，占全国的8.8%；投资额100亿元以上的旅游项目有222个，实际完成投资2 479.5亿元，比上年增长55.2%，增速最快（表3–1）。全国投资规模最大的10个旅游项目有重庆市武隆区白马山旅游度假区、河南省银基国际旅游度假区、山东省德州马颊河生态岛、辽宁省万科松花湖旅游度假区、黑龙江省哈尔滨万达文化旅游城、安徽省芜湖滨江水利风景区、江苏省里运河文化长廊、浙江省太湖龙之梦乐园、云南省嘎洒旅游小镇、宁夏回族自治区中阿文化城，以上项目投资规模均超过200亿元。

表3–1 全国投资10亿元以上旅游项目统计表

项目	2015年		2016年		同比增长/%
	实际完成投资/亿元	占比/%	实际完成投资/亿元	占比/%	
10亿～50亿元	3 541.8	35.2	4 405.7	33.9	24.4
50亿～100亿元	1 165.9	11.6	1 145.8	8.8	–1.7
100亿以上	1 597.9	15.9	2 479.5	19.1	55.2

根据表3–1，可绘制出全国10亿元以上旅游投资项目占比分布图，如图3–6所示

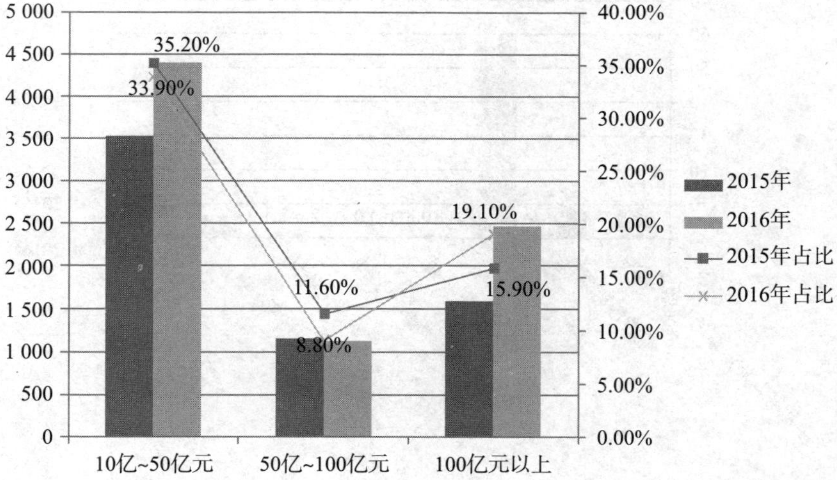

图 3-6　全国 10 亿元以上旅游投资项目占比分布

3.3.4　景区投资保持稳定，新业态投资增速加快

2016 年，旅游景区项目投资继续增加，实际完成投资 7 371 亿元，占全部旅游投资的 56.7%，比重最大。旅游基础设施类投资 1 122 亿元，占全部旅游投资的 8.6%，同比增长 19.8%。旅游购物项目投资 872.8 亿元，同比增长 24.4%，增幅最大。旅游饭店投资有所回落，增幅较去年下降 11 个百分点。从业态分布看，资金流向主要集中在文化旅游、生态旅游、乡村旅游以及温泉滑雪、低空飞行和工业旅游等新型业态。文化旅游投资 6 593 亿元，占全部比重的 26.9%；生态旅游产品投资 5 717 亿元，占 23.3%；乡村旅游投资 3 856 亿元，占 15.7%，同比增长 47.6%；低空旅游和工业旅游较 2015 年同期分别增长 84.2% 和 69.8%。滑雪、特色餐饮等项目同比分别增长 111% 和 128.8%，投资增速最高。

2015—2016 年全国旅游投资资金流向情况如图 3-7 所示。

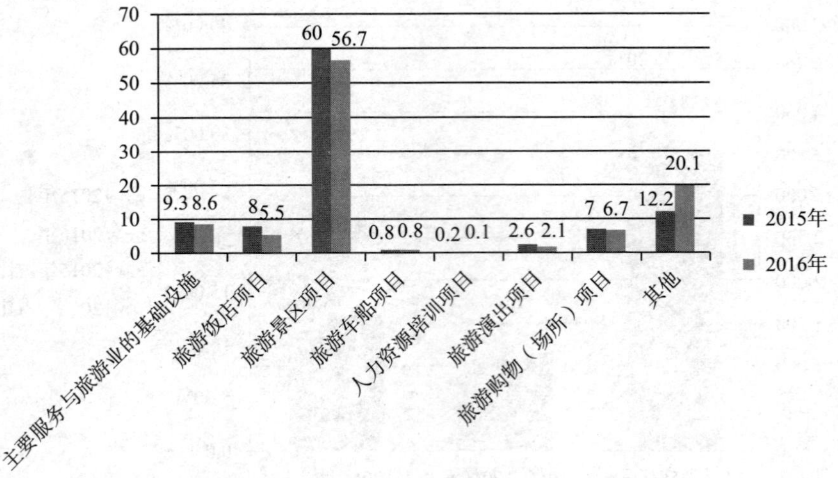

图 3-7　2015—2016 年全国旅游投资资金流向情况

2015—2016 年旅游投资业态情况对比如图 3-8 所示。

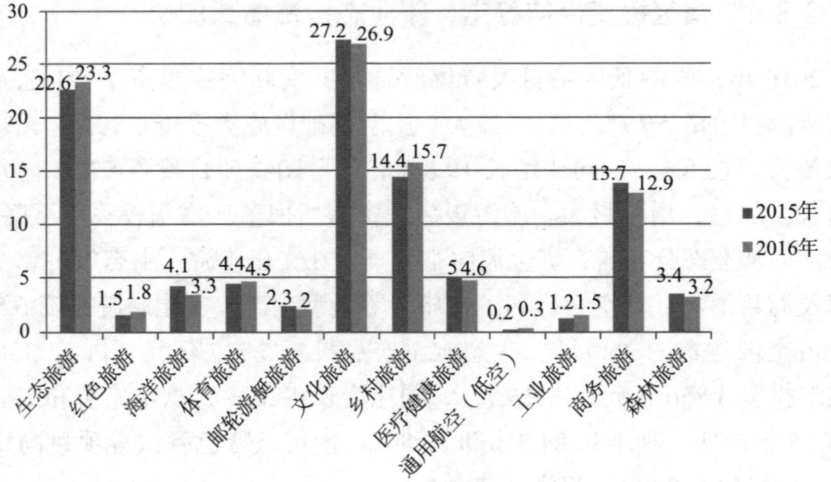

图 3-8　2015—2016 年旅游投资业态情况对比

2015 年，全国旅游投资呈现出新业态投资快速增长的态势，邮轮游艇和森林旅游增幅最大。2015 年，邮轮游艇旅游实际完成投资 423 亿元，同比增长 142.7%，在所有业态中投资增速最快；其次是森林旅游，同比增长 103.6%。乡村旅游、工业旅游、海洋旅游、低空旅游、体育旅游等业态增长迅速，增幅均超过 50%。2015 年，体育旅游实际完成投资 791 亿元，同比增长 71.9%。登山、滑雪、探险、潜水等体育旅游新业态成为投资新亮点。大型旅游企业加快投资邮轮旅游和体育旅游的力度，特别是民营企业投资热情越来越高。在冬奥会和国家政策的推动下，我国体育旅游发展迅速。预计到 2025 年，体育产业的规模将达到 1.9 万亿元。

受农业供给侧改革和全域旅游政策的影响，乡村旅游发展迅猛。2016 年，全国乡村旅游接待游客 22 亿人次，约占国内旅游接待总量的 50%。在强劲的市场需求驱动下，乡村旅游投资规模不断扩大，投资内容从观光农业等相对单一的产品向综合业态发展，休闲农庄、特色小镇、乡村民俗和精品酒店等投资快速增长。

大型旅游综合体项目整合休闲、度假、娱乐、餐饮、购物、住宿等多种功能，是全域旅游发展的重要方向和拉动地方经济发展的重要动力。2016 年旅游投资项目中，大型综合类项目比重最大，实际完成投资 4 440 亿元，占总投资的 34.2%，同比增长 24.1%。全国总投资 10 亿～ 50 亿元的大项目中，旅游综合类项目实际完成投资 1 581 亿元，占 35.9%；总投资 50 亿～ 100 亿元的大项目中，旅游综合类项目实际完成投资 694 亿元，占 60.6%；总投资 100 亿元以上的大项目中，旅游综合类项目实际完成投资 1 360 亿元，占 54.9%。旅游度假区、旅游小镇、体育运动、文化旅游、商贸购物等休闲度假综合体项目成为各类资本追逐的热点。

受低空空域逐步开放及游客休闲度假需求的推动，低空旅游投资快速增长。2016 年，低空旅游实际完成投资 83 亿元，同比增长 84.2%，在所有业态中投资增速最快。旅游航空小镇、航空旅游综合体等项目成为投资新亮点。供给侧改革的全面推进推动了工业旅游投资快速增长。工业旅游实际完成投资 357 亿元，同比增长 69.8%。体育旅游、生态旅游、红色旅游等新业态投资保持较高速增长，增速超过 40%。

2016 年，在线旅游投资超过 1 000 亿元，同比增长 30%。在线旅游投资相对集中于 OTA、出境旅游、旅游科技类公司、非标住宿、B2B 旅游、共享单车和在线租车七大领域，占全部在线旅游投资的 88%。OTA 类企业向专业化、细分化方向发展，周边游、亲子游、老年游、主题游等发展快速。在线用车类企业发展迅猛，无论是境外用车平台，还是国内用车平台，都获得大额注资，在线用车市场加速整合。

3.3.5　投资区域中东部地区为投资热点，西部地区投资增速最快

2016 年，东部地区实际完成投资 6 627.3 亿元，占全国的比重为 51%，同比增长 28.7%。旅游业已成为东部地区转方式、调结构的战略性先导产业。中部地区实际完成投资 2 633.2 亿元，占全国的比重为 20%，同比增长

19.2%。受全域旅游发展推动，西部地区投资洼地效应逐步显现，旅游投资快速增长。西部地区实际完成投资 3 736.9 亿元，占全国的比重为 29%，同比增长 37.7%。随着旅游基础设施和公共服务的改善，西部地区正日益成为投资者关注的新区域，后发优势明显。图 3-9 显示了 2016 年投资区域结构布局。

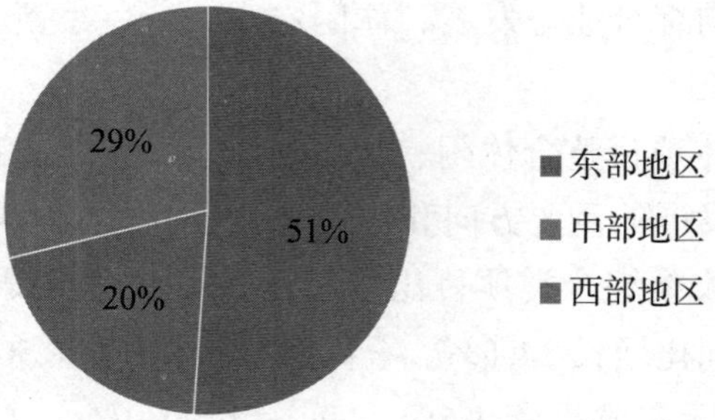

图 3-9　2016 年投资区域结构布局

2015 年和 2016 年旅游投资区域结构对比如表 3-2 所示。

表 3-2　2015 年和 2016 年旅游投资区域结构对比

	2015 年		2016 年		同比增长 / %
	金额 / 亿元	占比 / %	金额 / 亿元	占比 / %	
东部地区	5 149.4	51	6 627.3	51	28.7
中部地区	2 209.3	22	2 633.2	20	19.2
西部地区	2 714.3	27	3 736.9	29	37.7
合计	10 073	100	12 997.4	100	

第 4 章 金融支持旅游产业发展的理论分析

4.1 旅游动力系统理论研究

旅游的概念界定被认为是一道世界性难题，焦点在于旅游活动的外延到底有多大。要理解旅游，就必须理解旅游系统；要理解旅游系统，必须先理解旅游活动。本部分内容以矛盾的对立统一规律、系统哲学、一般系统结构理论、复杂性理论和旅游学为理论依据，探索旅游战略子系统的基本原理，包括系统运转的动力机制、系统表现的特质、系统内诸要素竞争的规律和系统价值增值的实现方式，从而构建旅游动力系统理论。

4.1.1 旅游系统的构成

将旅游作为一个复杂的系统研究已经被许多学者接受。从不同的角度和层次考察旅游系统，会得到不同的旅游系统结构。一般认为，旅游系统由旅游主体——旅游者、旅游客体——旅游产品（广义）、旅游媒介——旅游业以及贯穿这三者的活动等部分组成。将旅游者作为旅游的主体，就是从客源市场的角度看待旅游系统，进而得出旅游者作为旅游系统的主体、旅游吸引物（旅游产品）作为旅游系统客体的结论。从旅游地的视角分析旅游系统，旅游系统主要包括旅游的主体——旅游地系统、旅游的客体——旅游客源市场，以及连接两者之间的媒介系统，包括各类设施、政策等（图 4–1），从而将旅游系统的主体由旅游者转化为旅游地，系统中的其他部分都是围绕旅游地的发展演化来服务的。其中，以旅游资源为主的旅游吸引物（各种旅游产品）是组成旅游地的主要部分，旅游产品对旅游地系统的发展来说是其内在动力，客源市场的变化是其外在动力，两者共同推动旅游地的发展。

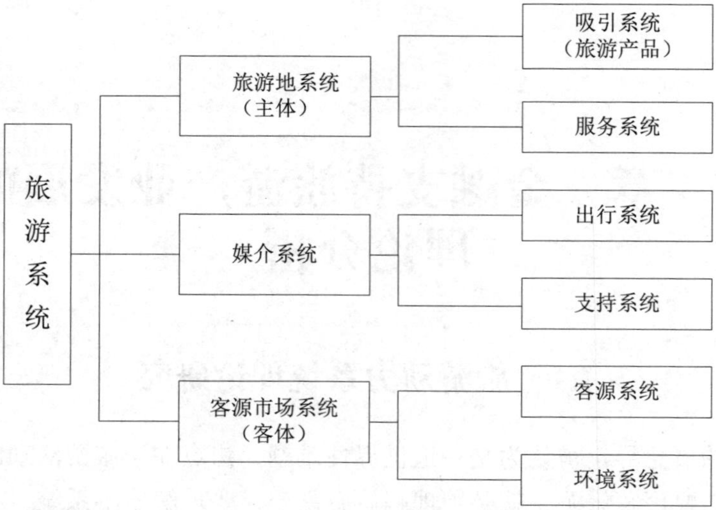

图 4-1　旅游系统的组成

4.1.2　旅游动力系统的集合体

复杂适应系统理论（CAS）认为，主动性或适应性是一个十分广泛的、抽象的概念，只要个体能够在与其他个体的交互中表现出随着得到的信息不同而对自身的结构和行为方式进行不同的变更，就可以认为它具有主动性或适应性。适应的目的是生存和发展。因此，“适应性主体”和“利益相关者 / 利益主体”是两个不同的概念：适应性主体是理论上的术语，利益相关者则是实践中的术语（在后续的研究中会有详细解释）；适应性主体是宏观层面的、抽象的，利益相关者则是微观层面的、具体的；适应性主体应用于战略层面的系统思考，利益相关者则应用于作业层面的系统分析和协调层面的系统管理。

CAS 理论认为，个体之间的相互影响不是简单的、被动的、单向的因果关系，而是主动的适应关系。以往的历史会留下痕迹，以往的经验会影响将来的行为。在这种情况下，线性的、简单的、直线式的因果链不复存在，实际的情况往往是各种反馈作用（包括负反馈和正反馈）交互影响的、互相缠绕的复杂关系。唯物辩证法认为，矛盾存在于一切客观事物和主观思维的过程中，矛盾贯穿于一切过程的始终；事物内部的基本矛盾是事物发展的根本动力。因此，可以认为，旅游适应性主体活动的根本动力就是旅游适应性主体活动的基本矛盾，旅游系统内部的结构变化是旅游系统演化的直接动力。

在旅游各部分的相互关系中，“旅游适应性主体”是主动的，其他是被动的组成部分。旅游适应性主体可以概括为旅游者、旅游产业、目的地政府、客源地政府、旅游社区五大类。首先，旅游系统的核心是“高质量的完整旅游经历”，而影响完整旅游经历质量的是旅游适应性主体。其次，旅游系统中最大的变量是旅游者的行为变量。一个系统至少由两个或两个以上的子系统构成。由于构成系统的子系统称为要素，所以系统是由各个要素结合而成的。旅游动力系统是由各旅游适应性主体的根本动力构成的，包括旅游者活动的根本动力、旅游产业活动的根本动力、目的地政府（旅游主管部门或目的地管理组织）活动的根本动力、客源地政府活动的根本动力、旅游社区活动的根本动力五个要素，联结这五个要素的枢纽是高质量的完整旅游经历，如图 4–2 所示。以上五个要素的内部关系以及这五个要素彼此之间的外部关系，这种错综复杂的关系的集合就构成了旅游动力系统的结构。这五个要素处于动态的环境（政治法律环境、经济 / 技术环境、社会 / 文化环境、自然生态环境）之中，要素之间形成了关系环。①

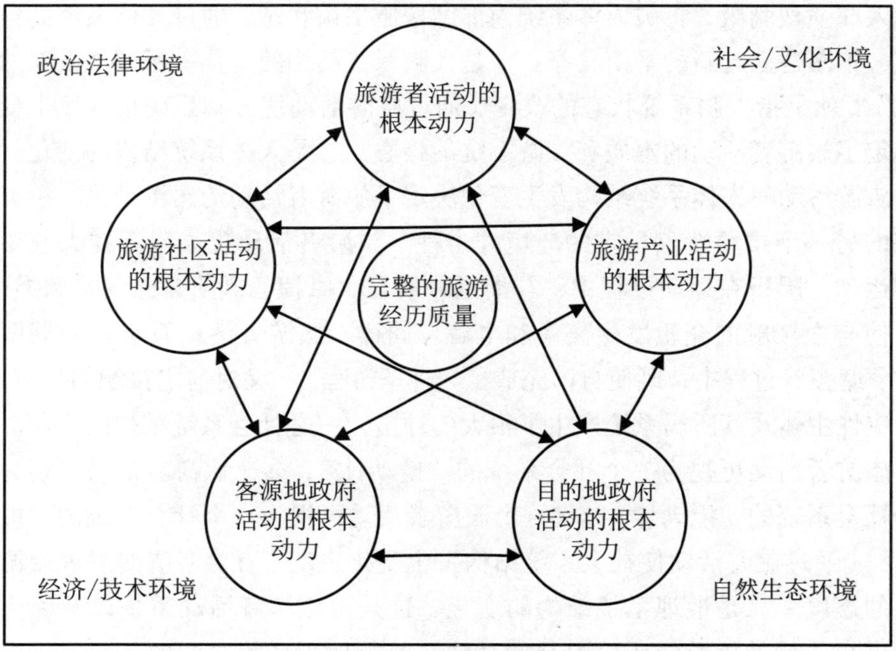

图 4–2　旅游动力系统模型

① 彼得·圣吉．第五项修炼——学习型组织的艺术与实务 [M]. 郭进隆，译．上海：上海三联书店，2001.

4.1.3 旅游动力系统中的主体活动动力分析

4.1.3.1. 旅游者活动动力分析

之所以将“旅游者活动”而不是“旅游者”作为一个系统，是因为旅游者活动的人体系统环境在不断地发生着变化。运动着的旅游者不断地接受人体系统环境的物质、能量、信息的输入或刺激，不仅人体系统的内部状态处于不断变化之中，人体系统的外部环境也处于不断变化之中（运动是相对的）。单个旅游者活动系统的外在表现是“游客回路”，总体旅游者活动系统的外在表现是不同地域之间的人员流动，通常概括为“游客流”。旅游者活动的一个重要特点是它的环境适应性。旅游者是活的、生动的、可变化的。将单个旅游者活动作为一个系统考察，就是一个处于平衡状态的人离开惯常环境，接收到异质环境变量（不断变化的时间、空间、事件、人势）的输入或强烈刺激，打破人体系统内部结构原平衡状态，通过人体系统的自组织，不断建立起新的平衡状态。一是人脑系统结构的变化。所谓“人脑的变化”，就是指人脑系统状态的改变。通过旅游活动使人脑系统结构发生变化决定了旅游者活动的本质和旅游系统的核心。二是人体系统结构的变化。通过旅游活动使人体系统结构发生变化决定了旅游者活动的出游动机。游客回路的另一个重要特点是它的环境冲击性。旅游者活动犹如陨石在大气层中的运动。陨石在运动过程中，与周围介质发生摩擦，既使自己发热和燃烧，又使与之接触的介质发生离解和电解。同样，旅游者活动系统在与周围介质“摩擦”过程中，既使自己完成了“神圣游程”，又对与之接触的当事人、适应性主体及其所属系统产生了很大的冲击。一是社会系统结构的变化。单个旅游者活动可视为一个社会系统的“搅动针”，多个旅游者活动可视为一个社会系统的“搅动棒”，亿万个旅游者活动可视为一个社会系统的“搅拌机”，通过旅游活动使社会系统结构发生变化决定了社会各界对发展旅游事业的态度。二是地理系统结构的变化。这是由旅游者活动系统以及因为其提供高质量的旅游经历而引起的其他系统与地理系统之间的相互联系、相互作用引起的，通过旅游活动使地理系统结构发生变化决定了人类对未来的关怀。

总之，人作为一个具有适应性的主体，在旅游活动的过程中，能够在人脑系统、人体系统、社会系统和地理系统之间建立新的适应的、和谐的、平衡的关系。

4.1.3.2. 旅游产业活动动力分析

旅游产业活动指旅游经营者通过为旅游者提供各种产品和服务获得最大的经济效益。如果没有旅游产业活动，旅游活动是很难普及和大众化的。1845 年后，旅游产业活动开始出现，特别是 1960 年大众旅游兴起，旅行社、旅游交通、旅游景区景点、旅游住宿、旅游餐饮、旅游购物、旅游娱乐等纷纷出现，它们分别满足了旅游者日程安排中某一时段的服务需求。旅游产业活动的基本矛盾在于旅游经历“占有的私人性”和“生产的社会性”之间的矛盾。换言之，旅游者需要一次完整的旅游经历（含跨区域跨行业的数量有限的、种类繁多的、为旅游者活动全过程提供服务的“最终产品”），与各旅游接待单位一般只供给旅游者日程安排中某一时段的服务（含大规模的、种类有限的、一个片段时间内的“中间产品”）之间的矛盾。由此衍生了其他一些矛盾，如旅游服务诸行业发展不平衡，即“长腿”与“短腿”的矛盾，提供体验、转型与提供服务之间的矛盾等。

4.1.3.3. 目的地政府活动动力分析

目的地政府通过发展旅游以取得更多的政治、经济、社会、文化利益，与旅游对政治、经济、社会、文化、资源、生态环境产生“负效应”之间的矛盾是目的地政府活动的基本矛盾。为了限制旅游所产生的负效应和追求旅游所产生的正效应，为了旅游的可持续发展，各级目的地政府（我国称“旅游主管部门”）不可避免地卷入旅游中来。目的地政府活动的基本矛盾若得不到统一，就会产生“旅游摧毁旅游”的恐惧感，从而失去对发展旅游的信心。因此，目的地政府活动子系统的根本性质是可持续性。系统结构的深层次是关系或关系环，而关系的深层次是制度和文化。新制度经济学认为，制度是指各种具有协调功能的规则和规则集，指各种带有惩罚性的措施，能对人们的行为产生规范影响的规则。因此，目的地旅游主管部门要实现其目标，制定有关旅游方面的法律法规和开展普及性的旅游教育是必要的。

4.1.3.4. 客源地政府活动动力分析

旅游对客源地产生的正效应表现如下：旅游消费能使劳动者的体能和智能得到恢复和发展，激发出劳动者的创造热情，使劳动者在各自工作岗位上全面地发挥各自的才能，从根本上提高全社会的人力资本，对社会经济发展的规模和速度起着重要的作用；出国旅游可以带动旅游产业链的形成和发展，跨国企业为本国居民提供出国、接待等“一条龙”服务；出国旅游可以作为民间外交的一种手段，加强各国人民之间的友谊；出国旅游可以平衡国际收支，开展国际合作；出国旅游可以作为客源地政府进行政治活动的外交手段和维护世界和平。旅游对客源地产生的负效应表现如下：对出国旅游来说，政治负效应的事例有恐怖分子或犯罪分子对某国旅游者的安全构成威胁，社会负效应的事例有出国旅游者滞留不归、在目的地国从事黄赌毒活动，经济负效应的事例有出国旅游导致外汇收入漏损等。

客源地政府的职责包括制定出国旅游的政策法规、环境保证和人力资源教育等方面。例如，在我国，客源地政府活动子系统的表现特质如下：倡导以教育为目的的旅游，开展普及性的旅游教育；提升中国公民旅游文明素质，制定中国公民出国旅游文明行动指南；对经营“出国游”旅行社资格进行审批，保护游客的权益；制定旅游危机应对制度，建立旅游危机预警机制，采取旅游危机处理措施，保护出国游客的人身安全；重视公民组团出境旅游目的地（Approved Destination Status，ADS）的审批，控制出国游的流向。客源地国家或地区各级政府通过发展旅游取得的政治、经济、社会、文化方面的利益与旅游对客源地政治、社会、文化、经济“负效应”之间的矛盾是客源地政府活动的基本矛盾。客源地政府活动的基本矛盾会产生巨大的动力，使其努力去实现目标。客源地政府活动子系统内部矛盾的主要方面决定了它的性质，其根本性质通常表现为人权性。

4.1.3.5. 旅游地社区活动动力分析

（1）旅游社区活动的基本矛盾及其在现实中的表现。旅游社区活动是指社区居民在承担拥挤、物价上涨、环境恶化等大量旅游负效应的同时得到的相应补偿，以及通过从旅游业中获取收入、得到就业机会等旅游正效应赢得他们对旅游业的支持。

社区居民是“主人”，旅游者是“客人”，他们之间能建立起主动的适应关系。道科西于 1975 年提出的“刺激指数”这样评述当地居民对待游客的态度：在欣喜阶段，乐于与个别到访的游客接触；在冷漠阶段，对大量接踵而至的游客逐渐冷漠；在恼怒阶段，对物价上升、犯罪、粗鲁、文化准则受到破坏表示关注和愤怒；在对抗阶段，公开或隐蔽地对游客进行冒犯。缓解主人与客人关系恶化的策略如下：对当地居民进行教育和培训；把居民的想法融入开发之中；增加当地居民的各种机会；建立当地的社区权益和财产管理委员会；增强对社会影响的研究和监测。

（2）生态旅游区是一个具有耗散结构的系统。可替代性旅游者是指那些试图与当地人建立更多联系、抛开旅游基础设施而利用与当地人同样的住宿和交通设施的人。生态旅游是可替代性旅游的一种类型，要求游客对当地居民的生产生活和当地生态环境的发展和完善有所贡献。

1992 年，生态旅游学会对“生态旅游”给出了如下定义：“为了解当地的文化与自然历史知识，有目的地到自然区域所做的旅游，这种旅游活动的开展在尽量不改变生态系统完整的同时，创造经济发展机会，让自然资源的保护在经济上使当地居民受益。”因此，生态旅游具有保护自然环境和维系当地人民生活的双重责任。

生态旅游区是一个具有耗散结构的系统，接踵而至的“游客流”作为外界环境的“输入”使游客流、当地居民、自然环境三者间形成了一种新的均衡状态（耗散结构）。促进生态旅游增长的因素如下：旅游可持续开发的需要，全球范围内环境意识不断提高；工业发达国家旅游者中较富裕阶层渴望体验大自然；发展中国家意识到自然资源的稀缺性，希望尽力保护以造福后代。生态旅游的增长对整个旅游产业的影响一是体现在特殊兴趣、自然导向的旅行方式；二是体现在旅游领域总体“绿色化”的影响方面，强调在旅游产品开发、经营和消费的各个环节都要采取环境友好措施；三是重视生态系统的完整性、当地的社会参与和给东道社区带来的商机（张广瑞，2001）。

（3）旅游社区活动子系统的性质。旅游者在游山玩水的同时，希望与社区居民有更多的交流和沟通，希望体验和探索社区居民的生产和生活，从而获得完整、真实的感受。由于离开惯常环境的旅游者暂时脱离了家庭、人际圈子和工作单位的约束，没有了工作和生活压力，常做出一些责任意识弱和占有意识外显的行为，打破了旅游社区的原有平衡状态，所以对旅游社区的社会文化和生态环境形成了冲击并构成了威胁。国外学者呼吁替代性旅游、适当旅游、软旅游、负责任旅游、低冲击旅游、生态旅游等理想形式，因为没有社区居民的参与和支持，旅游者活动与旅游产业活动是很难持续下去的。

旅游社区居民未能参与旅游决策和授权管理与旅游决策影响到社区居民的福利之间的矛盾是旅游社区活动的基本矛盾。因此，旅游社区活动子系统的根本性质是它的社会性。

4.2 基于旅游产业发展风险收益理论的金融支持研究

4.2.1 基于旅游产业发展风险收益理论的金融支持研究

本研究认为，旅游产业发展的动力基础在于其风险利益。旅游产业发展风险本质上是一种风险利益，经济主体之所以愿意承担旅游产业发展巨大的风险，是因为旅游产业发展背后有巨大的风险利益。这一理论为旅游产业发展的金融支持等制度的制定提供了依据与设计指导。

风险与利益之间存在着本质的联系与客观的规律，奈特早在 1921 年就指出："利润就是对那些完全不能预计和不能估算的风险的报酬。"① 而且，不确定性与风险利益的绝对值呈正向变动关系，即风险越大，风险利益也就越大。社会经济主体（包括金融主体）的风险倾向是不同的。根据风险利益主体对风险的态度，可将其划分为三类，一是风险偏好型（旅游产业发展主体属于该类型）；二是风险中立型；三是风险厌恶型。由于风险利益主体在主观上对风险利益活动的评价不同，他们所要求的风险利益也不同。一般而言，风险利益厌恶者偏好不确定性较小的利益活动；风险利益的喜好者偏好不确定性较大的利益活动，并追求更大的风险增益。这样，在不确定性利益活动中，就呈现出风险利益的主观与客观规律性。

针对三种不同的风险利益主体，可以绘制出图 4-3。从著名的资本资产定价模型（CAPM）也可以推出风险与收益成正比的结论。CAPM 表明，金融资产的价格取决于无风险资产收益和风险资产收益补偿两部分，风险收益等于风险承担量与单位风险资产价格的乘积。因此，风险资产的收益与其所承担的风险成正比。

① KNIGHT F H. Risk，uncertainty and profit[M]. Boston：Houghton Mifflin Press，1921：128-260.

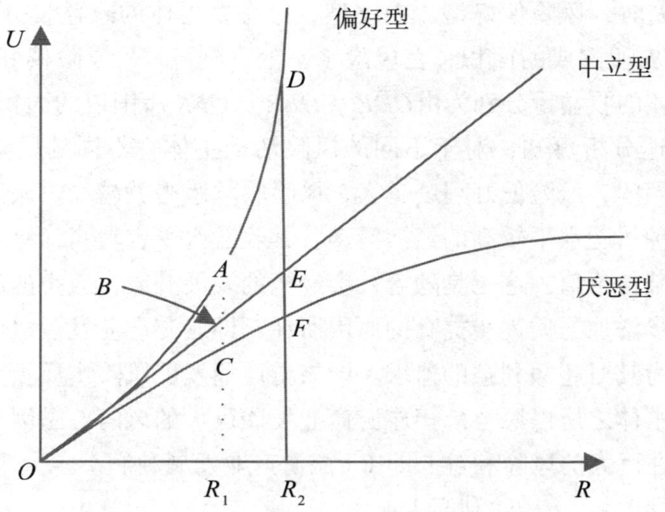

图 4-3　不同风险倾向主体的利益规律

图 4-3 中，纵坐标 U 表示效用（利益），横坐标 R 表示风险，R_1、R_2分别表示不同的风险水平，且$R_2 > R_1$；三条曲线是不同的风险利益态度者的边际效用曲线；A、B、C 以及 D、E、F 分别表示不同风险水平下不同风险利益倾向主体的边际效用或利益水平。

从图 4-3 可以看出，风险利益偏好者对风险增益的反应比较敏感。对他们而言，风险增益的边际效用始终是递增的，因此他们能够始终一贯地保持对风险利益的追逐。风险利益的中立者是对风险利益持中性态度的人群。对他们而言，风险增益或风险损失的效用的增减比率都是一样的，因此他们不会过分地追逐风险增益，也不会过分地回避风险损失。风险利益的厌恶者对风险损失反应比较敏感。他们的效用曲线表明随着风险的增加，其边际效用是递减的。

通过图 4-3 及其分析可以得出如下两个结论：首先，对于不同的风险活动主体，不同的风险态度的收益水平是不同的，风险偏好程度越大，风险收益水平就越高。从图 4-3 来看，在风险水平为R_1时，风险偏好型主体的收益量即由OAR_1所围成的面积；风险中立型主体、风险厌恶型主体的收益分别即由OBR_1、OCR_1所围成的面积。可以清楚地看到，风险偏好型、中立型、厌恶型三种主体的收益依次降低，即在同一风险水平下，风险偏好程度越大，风险收益水平就越高。其次，对于同一风险活动主体，不同的风险水平下其收益水平是不同的，风险水平越高，收益水平就越高。从图 4-3 来看，在风险水平为R_1时，风险偏好型、中立型、厌恶型主体的收益量分别为由OAR_1、OBR_1、OCR_1所围成的面积；在风险水平上升到R_2时，风险偏好型、中立型、厌恶型主体的收益量分别为由ODR_2、OER_2、OFR_2所围成的面积。

从上述分析可知，对于不同的风险活动主体，不同的风险态度的收益水平是不同的，风险偏好程度越大，风险收益水平就越高。旅游产业发展活动作为一种风险水平较高的经济活动，其收益水平也较高，具有其存在的客观动力基础与价值。这也是随着社会经济的发展升级，人类的旅游产业发展活动量逐步增加与质逐步提高的原因所在，即旅游产业发展之所以存在与发展，是因为其对超额利益的追求。即旅游产业发展风险本质上是一种风险利益，经济主体之所以愿意承担旅游产业发展巨大的风险，是因为旅游产业发展背后存在巨大的风险利益。即 V（旅游产业发展利润）$=V_1$（利息）$+V_2$（普通投资利润）$+V_3$（风险利润）。

4.2.2 基于风险利益的金融制度支持的合理性

旅游产业发展的风险利益原理解释了旅游产业发展存在与发展的空间与依据，即其动力基础的合理性与必然性。但是，旅游产业发展及其风险利益的最终实现还要取决于旅游产业发展主体的旅游产业发展能力。金融市场建立了旅游产业发展的风险与收益相对应的机制，旅游产业发展能力的提高离不开金融系统的支持。即有金融系统的介入，具有高风险的高收益项目得到开发和实现的概率就可以提高，社会福利就会增加。

旅游产业发展以其巨大的风险增益贡献于经济增长，但其极大的风险损失可能又令大多数企业望而却步。然而，旅游产业发展是现代经济获取最大风险增益的关键，所以需要通过风险利益制度框架保证旅游产业发展活动的顺利进行。

风险利益原理下，金融支持旅游产业发展的制度合理性主要表现在以下几个方面：

（1）金融系统对旅游产业发展风险利益具有激励作用。旅游产业发展的风险利益激励是指由于金融系统的存在，形成的持续、有效的一种激励机制，可以使利益主体形成主动追逐、积极进取的风险利益偏好，激发他们从事不确定性利益活动的内在冲动，尤其是从事不确定性较大、可能的风险增益较大的利益活动。风险利益的激励制度可以保证不确定性的存在和不消亡，并通过提供刺激与约束（正向、反向）以形成主动偏好，增加不确定性的利益导向，使旅游产业发展主体获取更大的风险增益。

（2）金融系统对旅游产业发展风险利益具有约束作用。风险利益约束功能是对风险利益激励制度的补充，在一定意义上讲是从反面或外部激励人们主动获取风险增益的行为。它的作用是通过对市场制度的再创新，弥补风险利益市场制度约束的缺陷，即一方面通过制度合理界定风险利益的上限空间，约束人们对风险利益的过度追逐，防止过大的风险损失发生；另一方面利用制度约束人们在风险利益活动中的机会主义行为，以消除这种行为对人们不确定利益活动的损害和妨碍。

（3）金融系统对旅游产业发展风险具有规避作用。风险利益规避的基本制度是利用风险利益分散的方式合理地配置风险利益，从而降低利益个体的风险损失，相对提高风险增益。就整个社会而言，通过个体风险利益的合理配置也能达到宏观风险利益的有效配置和增进的目的。金融系统的风险利益规避机制能够减少和分散不确定性，实现降低风险损失、相对提高风险增益的目的。

（4）金融系统对旅游产业发展风险利益具有交易作用。风险利益形成的根本原因在于不同经济主体对风险及其利益预期的差异和背离，其矛盾解决的关键是风险利益的交易。风险利益交易具有两种功能：一是微观利益主体规避风险损失的基本渠道，即在风险利益中，他们将可能无力承担的风险损失转移了出去，同时转移了风险增益的机会；二是微观利益主体获取更大风险增益的渠道，即通过风险利益交易将那些既存在风险增益的机会又可以承担的风险损失交易进来。因此，风险利益交易可以解决不同的偏好需要，解决物质和能力不同的利益主体的不同需求，使风险利益得到有效的配置。

（5）资本市场建立了高新技术产业化的风险与收益相对应的机制，通过金融系统为旅游产业发展融通资金。其不同于其他途径的根本特点是，旅游产业发展项目的收益与风险因素可以通过金融市场透明地表现出来，从而消除项目风险，使投融资双方在项目信息透明的基础上形成对项目的一致认识，使投资者透过市场反映出来的信息做出风险与收益相对应的投资决策，实现旅游产业发展的融资目的。

（6）基于风险收益理论，金融生态系统能够为企业活动提供不同类型的投资者，而旅游产业发展行为具有一定的周期性和规律性，在其活动的不同时期，其风险和收益不断变化，这就需要不同类型的风险偏好者的介入，金融体系恰恰满足了旅游产业发展这一特点。同时，金融系统可以有效地消除旅游产业发展投资的进入与退出障碍。一方面，在现代金融体系中，需要一种投资可以随时套现的机制；另一方面，旅游产业发展项目产业化的投资是一种长期投资，资本一旦投入，就必须滞留在产业化过程中。而且，这种过程越长，不可测因素就越多，所需要承担的风险就越大。旅游产业发展投资的这一特点既限制了投资者对投资机会的灵活抉择，又构成了投资进入高新技术产业化过程的天然障碍。投资者对货币财富增值与投资机会的灵活选择偏好的内在要求和旅游产业发展的凝固资金与风险对投资进入的抑制是高新技术产业化过程中的现实矛盾。解决这一矛盾的唯一途径就是旅游产业发展的资本进入与退出机制，而这种机制在现代经济中只有通过金融系统才能建立起来。

从上文基于风险收益理论的旅游产业发展金融支持研究中，可以发现，金融体系对旅游产业发展的支持不仅体现在融资方面，还体现在其资源配置、信息供应、风险管理等方面。另外，我们也发现金融体系对旅游产业发展的支持存在一定的要求和假设：旅游产业发展实现过程的市场化。风险利益原理下，金融支持旅游产业发展的合理性主要体现了金融体系对旅游产业发展的支持，包括提供信息、优化资源配置等。而这些实现的前提为金融体系的市场化和规范化。

4.3 基于现代企业理论的金融支持旅游产业发展研究

美籍奥地利经济学家约瑟夫·熊彼特对企业家的研究很有影响力，他发展了马歇尔的理论。熊彼特在 1912 年出版的《经济发展理论》一书中指出，企业家就是“经济发展的带头人”，也是能够“实现生产要素的重新组合”的创新者。熊彼特将企业家视为创新的主体，企业家的作用在于创造性地破坏市场的均衡（他称之为“创造性破坏”）。他认为，动态失衡是健康经济的“常态”（并非古典经济学家所主张的均衡和资源的最佳配置），企业家正是这一创新过程的组织者和创始人。只有创造性地打破市场均衡，企业家才会有获取超额利润的机会。

熊彼特首次突出企业家的创新性，但他认定这种创新性是一种很不稳定的状态。他认为，一个人由于“实现新的组合”而成为企业家，“而当他一旦建立起企业，并像其他人一样开始经营这个企业时，这一特征就马上消失了”。因此，创新性是一种稍纵即逝的状态。按照他的定义，一个人在他几十年的人生中不可能总是企业家，除非他不断“实现新的组合”，即不断创新。

"创造性破坏"是熊彼特的企业家理论和经济周期理论的基础。在熊彼特（1934）看来，"创造性破坏"是资本主义的本质性事实，重要的问题是研究资本主义如何创造并破坏经济结构，这种结构的创造和破坏不是通过价格竞争而是依靠创新的竞争实现的。每一次大规模的创新都淘汰旧的技术和生产体系，并建立起新的生产体系。

熊彼特认为，创新就是不断地从内部革新经济结构，即不断破坏旧的结构，创造新的结构。全球化与文化多样性是当前世界范围内文化发展中的一对突出矛盾。

在"创造性破坏"这一颇具颠覆性的概念提出之时，人们为之震惊。如今，全球经济所破坏和创造的巨大价值完美地印证了这一前瞻性论断。

4.3.1　现代企业理论在旅游系统中的应用

旅游产业是提供旅游服务产品的行业，通过对旅游生产经营诸要素的变革，提高旅游产品质量，开发新的旅游产品，提供新的旅游服务，从而获取商业上成功的活动。根据这一概念，我们可以推导出旅游产业金融支持系统至少可以满足以下基本要求：

（1）具有提供大量资金支持的能力。

（2）有助于提高企业技术——市场准确定位的能力。

（3）有助于增强旅游企业生产经营诸要素变革的能力。

（4）有助于旅游企业激励约束机制的建立。

（5）有助于旅游产业金融支持系统内部风险分散与补给机制的建立。

现代企业理论认为，企业家是指拥有资本、具有经营才能、能够承担经营风险的人。企业能否建立有效的激励约束机制取决于企业家能否实现自身剩余索取权与控制权的有效匹配。①

如果旅游产业金融支持系统具备"企业家"功能，就具备对企业旅游产业发展提供资金支持、提高企业技术——市场准确定位、整合变革企业内部与引进利用企业外部生产经营主要素能力的条件。

4.3.2　金融支持旅游产业发展的合理性研究

要使金融支持主体有效实现自身的激励约束机制，必须做到以下三条：

---

① THAMHAIN H J．Managing Innovative R&D Teams[J]．R&D Management，2003，33（3）：297-311．

一是让具备经营才能、真正承担风险的资本所有者成为金融支持主体的企业家，行使企业家的职能；二是让不具备经营才能但真正承担风险的资本所有者有权选择具备经营才能的人担任金融支持主体的经营者，行使经营者职能；三是让对金融支持主体起关键作用的经营者获取剩余索取权。

要使旅游企业有效地实现自身的激励约束机制，同样需要做到上述三条。具体来说，就是将资源、管理资本化，使其成为企业资本的重要组成部分，从而获得剩余索取权。

根据现代企业理论，在金融支持系统投资主体自身具备有效激励约束机制的假设条件下，对风险资本金融支持系统能否完成上述功能，满足旅游企业内在要求进行具体分析。第一，风险资本金融支持系统具备企业家的功能。风险资本出资方式为股权投资，这一方式本身就表明出资人既拥有资本，又要承担经营风险。出资人以股权形式出资，他要决定以什么价格购买股权、以什么价格出售股权。在持股期间，他还要通过董事会参与企业经营管理。由此不难看出，风险资本金融支持系统具备“企业家”功能。第二，从旅游企业层面看，风险资本金融支持系统以股权形式向旅游企业出资，通常会选择系统内部具备经营才能的人出任企业家，行使企业家的职能；系统内如果找不到具备经营才能的人出任企业家，便会选择具备经营才能的人担任企业经营者，行使经营者职能；为了建立对企业经营者和主要技术人员有效的激励约束机制，一般要采取对旅游产业发展起关键作用的经营者和技术人员分发股票期权票的方式，让他们获取剩余索取权。第三，从金融支持系统剩余索取权获取角度看，风险资本金融支持系统以股权方式投资企业，就会通过剩余索取权的占有来享有旅游产业商业化成功所带来的收益。

金融支持系统要具备有效的内部激励约束机制，从金融支持系统投资主体这一层面看，同样需要满足上述三条，那么为旅游产业的不同发展阶段提供金融服务的支持系统也应该做到这三条。

对于企业、风险投资公司和机构投资者来讲，如果出现如下几种情况，则不可能解决投资主体内部激励约束机制问题：一是出资人职能空位。如果出资人职能空位，就会出现出资人“负盈不负亏”等问题，从而使投资主体激励约束机制问题得不到解决。二是企业家或经营者选拔方式不科学。如果真正承担经营风险而又具有经营才能的人无法优先成为企业家，或者真正承担风险的出资人无法以股东的身份选择具有经营才能的人担任企业经营者，那么投资主体激励约束机制问题同样得不到解决。三是经营者工资报酬无法和经营业绩挂钩。如果技术创新企业股权投资主体的经营者不占有股份，或通过年薪制、期权制等办法将经营者的业绩与个人的收入挂钩，那么经营者剩余索取权的获取就无法实现，企业最重要成员的积极性就无法调动，让企业最难监督的人进行自我监督的愿望就无法实现，投资主体激励约束机制同样不能实现。所以，从现代企业理论的角度分析旅游产业发展之路时，还是要依靠金融系统的支持。

从上文基于现代企业理论的金融支持研究中可以发现，只有让旅游产业开发的风险承担者和利益索取者具有统一性，才能充分发挥金融的风险收益均衡作用以及对旅游产业开发主体的激励作用。在现代企业理论中，风险投资的“企业家”地位以及旅游产业开发主体对剩余索取的要求实际是将资源、管理等旅游产业开发要素纳入资本范围内。这就要求我们在优化和完善金融生态系统的过程中必须保证金融主体的完善，使其在金融生态的运作过程中良性循环。

4.4　旅游开发中的利益相关者理论研究

4.4.1　利益相关者的确定和属性

关于利益相关者的理论研究，美国学者米切尔和伍德于 20 世纪 90 年代后期提出的评分法受到各界的一致推崇。米切尔指出，利益相关者的确定和其属性是利益相关者的重要内容。确定利益相关者分析的三个属性如下：一是合法性，即某一群体是否被赋有法律上的、道义上的或者特定的对企业的索取权；二是权力性，即某一群体是否拥有影响企业决策的地位、能力和相应的手段；三是紧急性，即某一群体的要求能否立即引起企业管理层的关注。米切尔认为，要成为一个企业的利益相关者，至少要符合以上一条属性，即要么是对企业拥有合法的索取权，要么能引起企业管理层的关注，要么能对企业决策施加压力，否则不能成为企业的利益相关者。由此，企业的利益相关者可以再被细分为三类：一是确定型利益相关者，其同时拥有对企业问题的合法性、权力性和紧急性，如股东、雇员和顾客；二是预期型利益相关者，其拥有上述三个属性中的两个，如同时拥有合法性和权力性的投资者、雇员，拥有合法性和紧急性的社区等；三是潜在型利益相关者，其指拥有上述三个属性中一个。①

利益相关者权力—利益矩阵（图 4-4）不仅是一种学术研究方法，还是旅游业发展中的一个有效管理途径（Marion C. Markwick，2002）。利益相关者权力—利益矩阵是企业管理广泛运用的一种利益相关者分析工具。在策划发展战略时，通过利益相关者的权力大小和利益要求程度来确立各类利益相关者的位置，以便更好地进行分类治理。利益相关者权力—利益矩阵指出，企业的决策制定由两方面因素决定：一是各利益相关者对企业发展决策的利益需求水平；二是这些利益相关者是否有途径争取到利益，也就是其拥有的权力大小。根据利益相关者对企业的利益要求程度和维护其利益的权力大小，绘制出了利益相关者权力—利益矩阵图。利益相关者权力—利益矩阵根据利益相关者拥有的权力大小和利益水平的程度的识别，确定各利益相关者的所处位置，以分析其对企业发展和战略制定的影响，进而建立对应的关系和采取相应的措施应对这些利益相关者。

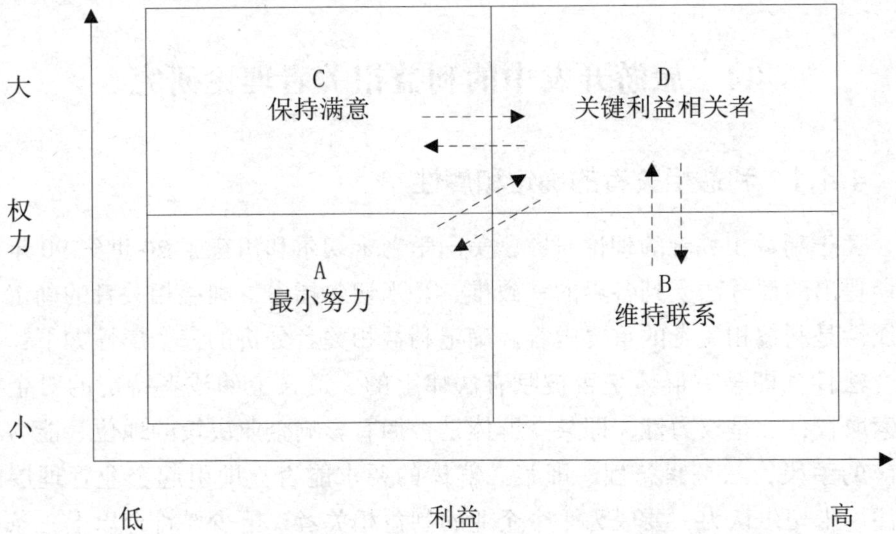

图 4-4　利益相关者权力—利益矩阵图

图 4-4 指明了企业需要与处于各区域内的利益相关者建立何种关系，采取何种措施来应对。从图 4-4 可得出以下结论：

（1）区域 D 内的利益相关者对企业的利益需求程度最高，维护自身利

① 陈宏辉．企业利益相关者的利益要求：理论与实证研究 [M]. 北京：经济管理出版社，2004.

益的权力也最大。其是企业非常关键的利益相关者，对企业决策的认可度、对企业决策的最终制定和执行效果具有非常重要的影响。对于这类利益相关者，企业在自身建立和发展的过程中应该倍加关注。

（2）区域 C 内的利益相关者虽然对企业发展的利益需求程度较低，但拥有较大的权力来维护自身利益。虽然区域 C 内的利益相关者对企业的活动参与相对被动，但是利益相关者影响决策实施的方式通常受一些特定事件的影响，即特定事件能促使该区域内的利益相关者对企业发展产生影响，运用其权力来阻碍企业的决策执行。因此，应重视利益相关者的利益，尽量使这部分的利益相关者保持满意，全面考虑这些利益相关者对未来决策的可能反应。

（3）区域 B 内的利益相关者虽然对企业的利益需求很高，但是没有足够的权力去获取自身利益。因此，应该通过提供信息来满足利益相关者的利益需求，即保证利益相关者获得充分的企业发展信息，维持与利益相关者的联系。同时，在影响更有权力的利益相关者的态度时，这部分利益相关者是非常重要的“联盟”，因此要维持与这部分利益相关者的联系。

（4）区域 A 内的利益相关者利益要求程度低且拥有的权力很小，对于这些利益相关者，企业很少有积极性关注他们，相对付出的努力也最小。

从图 4–4 可以发现，在作利益相关者分析时，应先判断利益相关者对企业发展的利益要求程度，然后判断利益相关者所拥有的权力大小，再根据不同类型的利益相关者采取相应的策略来应对，最后要维持相应的活动来阻止利益相关者间的位置变动。需要注意的是，利益相关者具有动态性的特点，如 C 区域内的利益相关者实际运用权力时，或者是威胁要使用这种权力时，将被激活转为区域 D 内一个值得关注的利益相关者。因此，需要保持区域 C 内利益相关者的满意程度，维持与区域 B 内利益相关者的联系。

3.4.2　旅游系统和旅游利益相关者

所谓系统，是指由相互联系、相互作用的许多要素结合而成的且具有特定功能的统一体（孙东川，2004）。旅游系统（图 4–5）最重要、最根本的功能是满足旅游者的需求，整个旅游系统的存在依赖旅游者需求的存在。旅游系统会对其外部环境产生各种影响，如社会影响、经济影响、生态与环境影响等。Page（2004）认为，研究者理解旅游现象本质的方法是系统论方法。采取这种方法的主要目的是将现实世界复杂的旅游活动合理化和简单化，并用很多强调旅游内在联系的要素表示。一个“旅游系统”就是一个涵盖旅游者完整旅行经历的框架。这种方法的分析价值在于它能够使人们分别从供应商和购买者的角度理解旅游的全过程，同时明确认识一些影响和控制旅游活动的相关组织。①

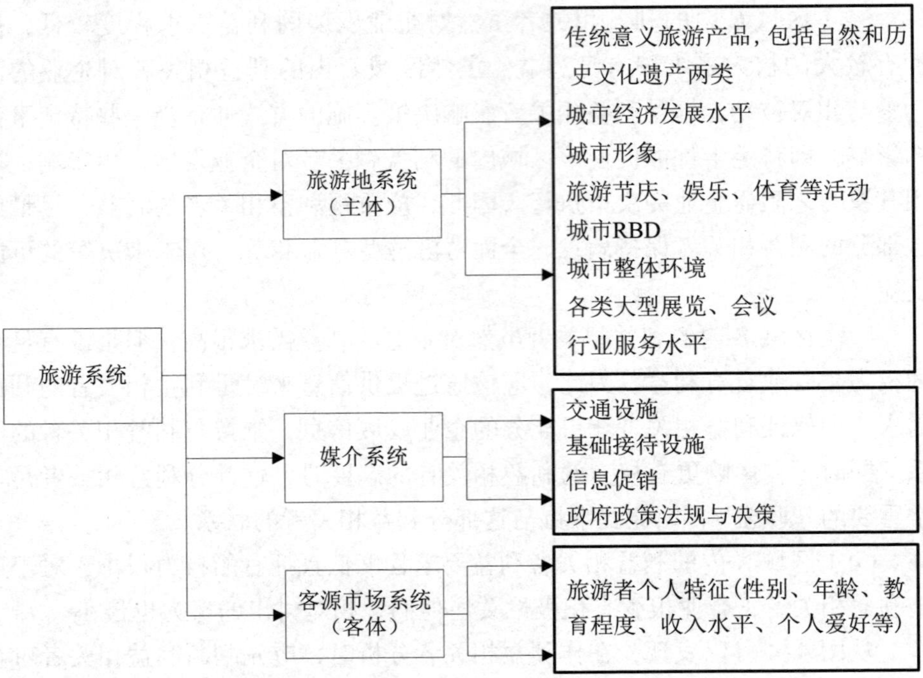

图 4-5　旅游系统

“利益相关者”是一个管理学的概念，最早出现于 20 世纪 60 年代，确立于 20 世纪 80 年代。利益相关者理论认为，任何一个公司的发展都离不开各种利益相关者的投入或参与，企业不是只为股东而生存，而是为受企业决策影响的诸多利益相关者服务的组织。利益相关者理论不同于只关注所有者、员工、供应商和消费者的传统观念，而是将政府、社区以及相关的政治、经济和社会环境乃至非人类的因素（如自然生态环境等）纳入其中，将企业的社会责任和管理紧密联系起来，提供了一种全新的管理模式。②

利益相关者管理的核心思想是企业的经营管理活动要为综合平衡各个利益相关者的利益要求而展开，与传统的股东至上的主要区别在于，该理论认为任何一个公司的发展都离不开各种利益相关者的投入或参与，企业追求的

① 冯淑华，沙润．从混沌理论哲学观对旅游学混沌态及学科体系探讨 [J]. 旅游学刊，2006，21（9）：54–58.

② 贾生华，宏辉．利益相关者的界定方法述评 [J]. 外国经济与管理，2002（5）：13–18.

是利益相关者的整体利益，而不只是某个主体的利益。这些利益相关者包括企业的股东、债权人、雇员、消费者、供应商等，也包括政府部门、本地居民、当地社区、媒体、环境保护主义者等，还包括自然环境、人类后代、非人类物种等受到企业经营活动直接或间接影响的客体。这些利益相关者为企业的生存和发展注入了一定的专用性投资，或是分担了一定的企业经营风险，或是为企业的经营活动付出了代价。因此，企业的经营决策必须考虑这些利益相关者的利益，并给予其相应的报酬和补偿。正是在上述观点得到了越来越多的规范性和实证性的发展后，利益相关者理论从根本上解决了“企业具体应该对谁进行伦理管理”这一核心问题，并形成了统一的研究范式。利益相关者理论认为，伦理管理是企业履行与利益相关者长期隐形契约的内在要求。企业作为“一种治理和管理专业化投资的制度安排”，必须以社会伦理道德规范为依据，认真处理好与利益相关者的关系。那种认为企业只为股东利润最大化而生存的思想很可能会导致非道德经营和不道德经营。只有考虑利益相关者的要求，企业才能真正作到伦理经营，才能获得可持续发展。

利益相关者之所以对组织或企业拥有不可忽视的各种影响，是因为其对组织具有种种利益或权利要求。因此，要处理好与利益相关者的关系，就必须正确认识不同利益相关者的不同权利。所谓“利益相关者权利”，意味着利益相关者有运用其资源使一种事情发生或获得所期望的一种结果的能力。根据利益相关者对组织的利益要求和维护其利益的权力大小，利益相关者可分为关键利益相关者，权力大、兴趣小的利益相关者，权力小、兴趣大的利益相关者，权力小、兴趣小的利益相关者四类。其中，关键利益相关者对组织的发展是最为关键的人群。

3.4.3 旅游主要利益相关者结构关系

基于上文对旅游系统和旅游利益相关者的界定，这里将生态旅游的相关利益者定义为在旅游系统中的权力和利益有关方，将政府、旅游企业、生态旅游者、自然保护区和社区五个关键利益相关者置于系统动力学的框架中，将上述利益主体作为系统中的要素，区分系统的两对利益（直接利益与生态利益、短期利益与长远利益）和两种质量（旅游质量和生态质量），以游客数量和维护成本（费用）为切入点，构建利益相关者在生态旅游系统共生界面的结构关系和行为模式，分析利益相关者之间在一定程度上所表现出的某种配置与协调关系，为进一步求解协调各方利益获取和分配、权利和义务以及生态耗损和补偿等问题的利益均衡点，处理好社区、政府、旅游企业、生态旅游者、自然保护区等多个利益主体之间既冲突又互利的关系提供参考。

由图 4-6 可知，生态旅游系统中存在政府、自然因素和环境因素三个背景控制因素，存在社区和旅游企业（包括管理者）两个直接的利益驱动因素。另外，系统内部还存在生态利益、直接利益、生态质量和旅游质量这四个主要因素。①

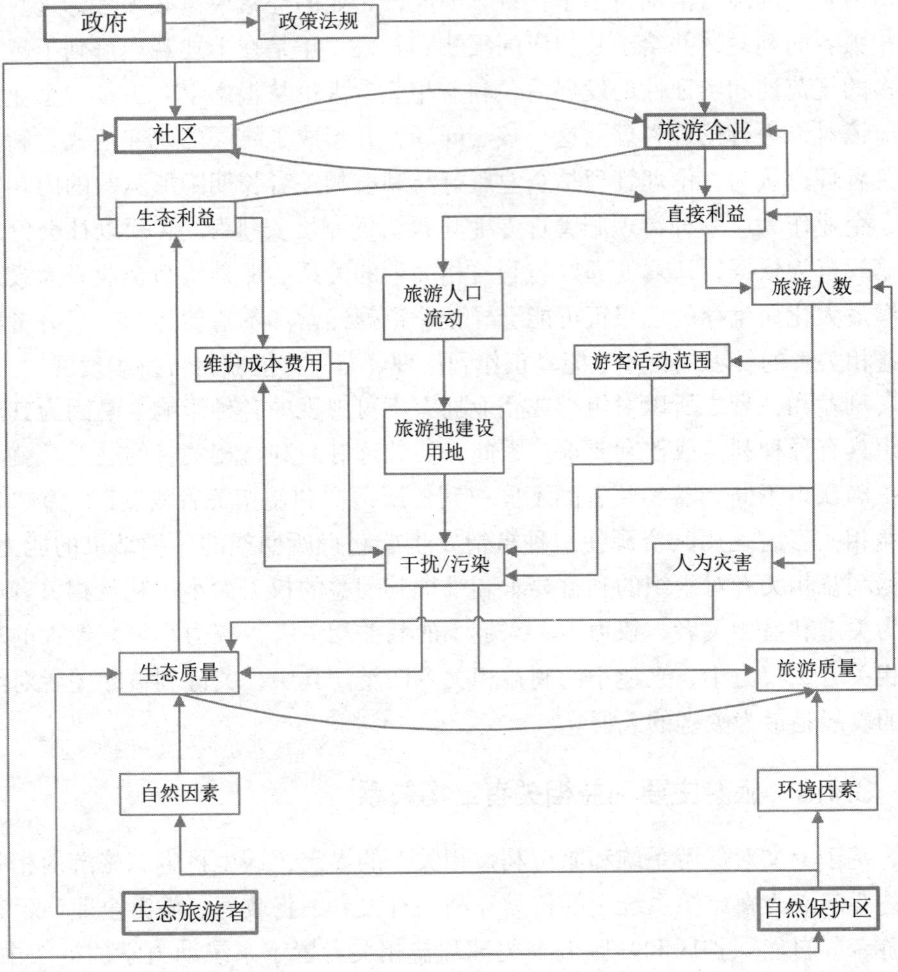

图 4-6　在生态旅游系统中旅游利益相关者结构关系

背景控制因素对旅游生态系统的发展起着调控作用。政府通过政策和法规影响着社区、自然保护区和旅游企业；不可控制的自然因素直接影响着生

① 刘艳静 . 从系统学角度透视生态旅游利益相关者结构关系 [J]. 旅游学刊，2006，21（5）：17-21.

态质量，并通过影响环境容量影响着旅游质量。旅游的直接参与者——社区和旅游企业分别受生态利益和直接利益的驱动，通过各种方式对旅游生态系统施加影响，并最终影响着系统的生态质量和旅游质量。

生态质量和旅游质量通过反馈影响着生态利益和直接利益，并最终影响到社区、生态旅游者和旅游企业。此外，生态旅游系统的功能和利益相关者行为随着外部环境条件变动也可能引起系统内部结构和参数的改变，进而导致系统功能和行为的变化，产生信息流和物流的时滞效应。在旅游利益结构中表现为直接利益与生态利益、短期利益与长远利益、局部利益和整体利益之间的矛盾运动，尤其是经济利益、社会利益和环境利益的冲突在生态旅游系统中表现得尤为突出。

旅游系统中各个角色是研究金融支持旅游产业发展的重要对象和内在运行机制。角色被定义为“处于一定社会地位的个体，依据社会客观期望，借助自己主观能力适应社会环境所表现出的、具有情景性的行为模式”（周晓虹，2002）。角色行为是个体实际的“角色扮演”。

3.4.3.1. 社区

在生态旅游系统中，社区既是利益主体，又是构成社会环境的一部分，甚至是人文生态旅游资源的重要组成部分，也是生态旅游影响的承受者。

社区可能扮演着管理者、经营者以及目的地居民等角色，其受益主要体现在就业和经济收入的增加、社区作为旅游目的地公共设施的改善以及社会文化开放度提高等。因此，社区既是利益主体，又是载体，社区角色的多重性和动态性使社区在生态旅游中扮演的角色颇为特殊并尤其值得关注。

值得注意的是，由于生态旅游资源具有较强的脆弱性，社区主动参与生态保护是十分重要的。然而，事实上，相对于社区主动扮演“生态保护者”的角色，人们更多关注的是社区参与生态旅游发展的利益分配角色，把社区参与一般旅游和参与生态旅游混为一谈，从而淡化了这一重要的角色行为。

从理论上说，社区在生态旅游发展与管理中扮演着十分重要的角色，但由于社区参与生态旅游发展可能处在不同阶段，且大多数的社区参与停留在较低级的阶段，即使有些参与，也很少能够从生态旅游中获取收益，从而在客观上抑制了其扮演“生态保护者”角色的积极性。生态旅游的绝大多数收益被城市的大私营企业控制和获取，当地社区的生态旅游收入很少（Martha，1994）。特别是随着生态旅游业规模的扩大，生态旅游对当地环境和社区文化带来的负面影响日益显著，目的地居民的“主客”关系也开始发生转变，甚至产生了抵触和冲突。在这种认知情况下，社区对维护文化的自然性和原生性以及保护环境的参与性表现得更为被动。社区角色与其他利益相关者角色之间既会因共同利益而合作，又会因各自利益不同而发生冲突。因此，社区参与势必会损害到其他利益主体的利益。这也是社区在生态旅游实践中的地位远不及理论研究结果那么重要，甚至被排除在外的重要原因之一。从另一个角度看，这正是值得我们关注的一个焦点问题。建立有效的参与和分配机制（包括参与管理和决策、参与就业和利益分配等），平衡社区角色与其他利益主体之间的利益关系十分迫切。

3.4.3.2. 政府

政府的角色行为包括制定生态旅游的政策、实践和工作框架，制定总体规划、建立生态旅游管理的一系列制度和体系以及对旅游者、旅游企业和社区居民的管理。因此，在生态旅游中，政府既是一个“游戏规则”的制定者，又扮演着管理者、生态保护倡导者、社区发展支持者和旅游企业监督者等多重复杂的角色。

从生态旅游实践来看，政府的角色行为与其理论上的角色规范之间存在较大偏离。在旅游资源保护和开发中，涉及不同级别的政府和不同利益团体与个人。就中央政府与地方政府而言，政府之间的关系应该是利益关系、财产关系和公共行政关系等。利益关系决定其他关系，其他关系是利益关系的不同表现形式（谢庆奎，2000）。利益驱动性也会使政府在做旅游规划决策时，对一些生态敏感区和脆弱区进行不违法但是不合理的旅游开发，造成生态旅游资源开发的短期经济行为，引起逆向选择和道德风险、资源配置的低效和无序，导致生态旅游的“标签化”。

3.4.3.3. 旅游企业

旅游企业的角色行为是一把“双刃剑”。一方面，可以为生态旅游社会文化环境系统注入新的人流、物流、资金流、信息流以及能量；另一方面，追求经济效益最大化的原则，造成了环境资源的破坏甚至是恢复的不可逆转性。因此，旅游企业尤其应遵循企业伦理道德，坚持环境影响最小化行为守则，并处理好旅游收益和环保补偿的关系。另外，旅游企业与社区之间的良性互动关系也十分敏感。首先，让社区居民分享旅游发展带来的利益，如为社区居民尽可能多地提供就业机会、培训机会，保证本地居民优先被雇用的权利；其次，旅游商品尽量采用本地原料进行加工等，以切实保障社区参与和利益分配，进而调动其参与旅游发展的积极性和能动性。事实上，社区参与也在一定程度上有利于旅游企业的低成本运作，并增加生态旅游产品和服务属性中的原生性文化氛围，增强旅游产品的魅力要素。两者之间的关系是互利互惠、良性循环的。

3.4.3.4. 生态旅游者

生态旅游者的利益诉求点是获得高质量的旅游经历，属于非经济利益，因此与自然保护区之间的和谐性较大。生态旅游者相对更为遵循生态伦理，具有较强的生态意识，对自然保护区或生态旅游景区的环境保护具有责任感。

生态旅游者除了保证其旅游行为生态之外，还应当造福当地社区，保持对当地文化的尊重，并真实地反映当地文化价值观。

3.4.3.5. 自然保护区

自然保护区是生态旅游系统的基础，是一切生态旅游活动的载体。旅游企业对自然保护区的开发，要坚持生态的旅游开发行为和生态的经营行为，建设生态兼容的基础设施，实行废弃物最小化策略，尽量减少使用不可再生资源，从有生态标志的供应商那里购买能源，在建设过程中综合考虑能源效率最大化。同时，将对环境和审美的负面影响降到最低限度，并将旅游收益的一部分用于对环境损耗的补偿。另外，自然保护区还应具有环境教育功能。通过建立环境教育中心、科学解说系统、导游图册、小册子、生态博物馆等，对旅游者进行生态知识培训和旅游引导，并通过建立规章制度来规范生态旅游者的旅游行为，提高全民的环境保护意识。

显然，上述利益相关者自身面临着追求和约束的双重性，同时各利益相关者之间错综复杂的制约关系。比如，社区面临市场参与、社区收益和文化原生性保存的冲突，生态旅游者面临高质量旅游需求的满足和行为约束的冲突，旅游企业面临利润获取和社会责任的冲突，自然保护区面临资源保护和经济自养的矛盾双重性等。各利益相关者之间错综复杂的关系主要体现在负责环境保护目标的主体和经济收益目标主体之间的权利抗衡和制约，如自然保护区与当地社区是互利共存还是排斥，生态旅游者对社区是尊重还是冲击，自然保护区与旅游企业是互补还是抵制等一系列问题。

综上所述，以生态系统平衡理论为基础，建立和分析生态旅游系统共生界面的结构关系和行为模式，揭示各利益相关者矛盾运动和利益冲突的焦点，在“游戏规则”框架下规范各参与主体的角色扮演行为是非常必要的。这可以为进一步研究利益的获取和分配、权利与义务的平衡以及生态耗损和补偿等利益相关者之间的非线性关系，协调各方利益奠定基础，为政府制定有关政策、法规和制度等提供依据，为资源的有序利用和生态旅游的健康发展提供策略。

第 5 章　金融生态系统概念模型的构建

5.1　金融生态系统的理论渊源

5.1.1　生态系统基本理论

生态系统是英国生态学家坦斯利（Tansley）于 1935 年最先提出的，指在一定的空间内生物成分和非生物成分通过物质循环和能量流动相互作用、相互依存而构成的一个生态学功能单位。它把生物及其非生物环境看成互相影响、彼此依存的统一整体。生态系统概念的提出为生态学的研究和发展奠定了新的基础，极大地推动了生态学的发展。生态系统生态学是当代生态学研究的前沿。

5.1.1.1. 生态系统的组织与结构

生态系统由非生物环境、生产者、消费者和分解者四个主要部分组成。

非生物环境包括参加物质循环的无机元素和化合物、联系生物和非生物成分的有机物质（如蛋白质、糖类、脂类和腐殖质等）以及其他气候或物理条件（如温度、压力）。

生产者是能以简单的无机物质制造食物的自养生物，它通过光合作用为本身的生存、生长和繁殖提供营养物质和能量，它所制造的有机物质是消费者和分解者唯一的能量来源。生产者是生态系统中最基本和最关键的成分，太阳能只有通过生产者的光合作用才能源源不断地输入生态系统，然后被其他生物利用。

消费者是针对生产者而言的，即其不能从无机物中制造有机物质，而是直接或间接来自生产者所制造的有机物质，属于异养生物。消费者归根结底以植物为食（直接取食植物或间接取食植物）。寄生生物也属于消费者，其主要以取食其他生物的组织、营养物和分泌物为生。

分解者是异养生物，它们分解动植物的残体等各种复杂的有机化合物，吸收某些分解产物，最终将有机物分解为简单的无机物，而这些无机物与物质循环后可被自养生物重新利用。分解者对生态系统不可或缺的作用使其成为影响生态系统能量物质循环的关键。分解者主要是细菌和真菌，也包括某些原生动物和蚯蚓、白蚁、秃鹫等腐食性动物。

与经典生态学相比，生态系统的四元结构（图 5–1）中多了一个重要因素——调控者。人不仅是生态系统中食物链上的一个环节，还是生态系统中的调控者，这就是人在生态系统中的特殊生态位。前者体现了人的自然属性，后者体现了人的社会属性。特别是在人工或半人工生态系统中，调控者具有决定性作用。

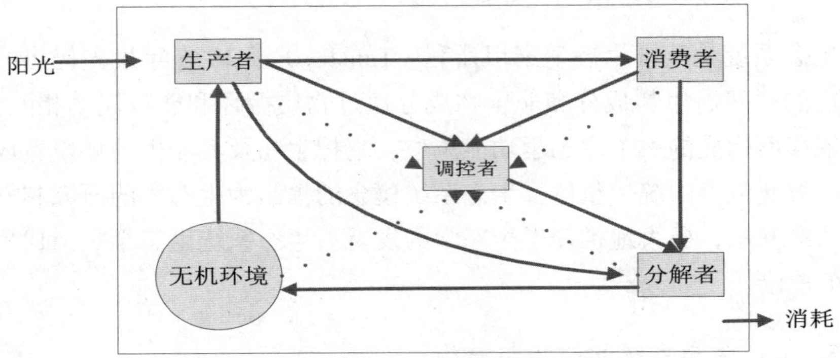

图 5–1　自然生态系统四元结构图

5.1.1.2. 生态系统的功能及其实现渠道

（1）生态系统的功能：物质、能量循环。能量流动和物质循环是生态系统的两个基本过程。正是这两个基本过程使生态系统各个营养级之间的各种成分（非生物成分和生物成分）组成了一个完整的功能单位。但能量流动和物质循环的性质不同，其流经生态系统最终以热的形式消散，能量流动是单方向的，因此生态系统必须不断地从外界获得能量。而物质流动是循环式的，各种物质都能以被植物利用的形式重返环境。

能量流动和物质循环都是借助生物之间的取食过程进行的。同时，这两个过程不可分割，因为能量储存在有机分子键内，当能量通过呼吸过程被释放出来用以做功的时候，该有机化合物被分解并以较简单的物质形式重新释放到环境中去。生态系统中维持生命活动的全部能量来自太阳能，通过绿色植物的光合作用，把太阳能转化为化学潜能，然后沿食物链营养级关联因子逐步向顶部方向流动，每经过一级，绝大部分能量以热的形式在呼吸作用过程中消耗，所以生态系统必须不断地从外界获取能量。生态系统的物质循环是指环境中的营养被生产者吸收，通过消费者的取食，物质逐级转移，各种有机物质最终经过分解者还原成无机物质又返还到环境中，供生产者再吸收利用，这就是生态系统中的物质循环模式。

（2）生态系统物质和能量循环的途径：食物链和营养级。生态系统中能量流动和物质循环的过程与渠道是食物链和营养级。

生产者所固定的能量和物质通过一系列的取食和被取食关系而在生态系统中传递，各种生物按其取食和被食的关系而排列的链状顺序被称为食物链。但是，生物之间实际的取食和被取食关系并不像食物链所表达的那么简单。生态系统中的生物成分之间通过能量传递关系存在着一种错综复杂的普遍联系，这种联系像是一个无形的网把所有生物都包括在内，使它们彼此之间有某种直接或间接的关系，这就是食物网。食物链和食物网是物种和物种之间的营养关系。这种关系错综复杂，无法用图解的方法完全表示，于是为了便于进行定量的能量流动和物质循环研究，就有了营养级的概念。一个营养级是指处于食物链某一环节上的所有生物种的总和。生态系统的营养结构如图 5-2 所示。

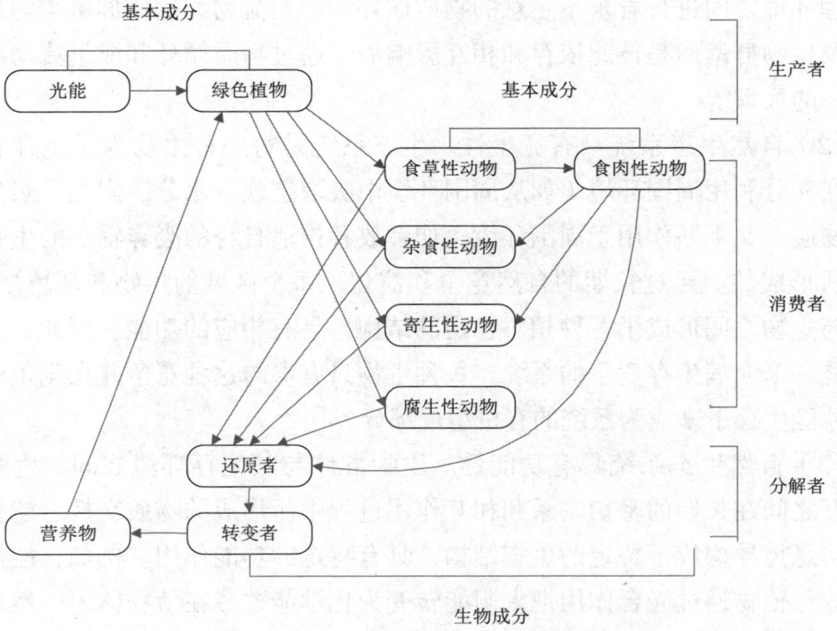

图 5-2　生态系统的营养结构

一个复杂的食物网是使生态系统保持稳定的重要条件。一般认为，食物网越复杂，生态系统抵抗外力干扰的能力就越强；食物网越简单，生态系统就越容易发生波动和毁灭。在一个具有复杂食物网的生态系统中，一般也不会因一种生物的消失而引起整个生态系统的失调，但是任何一种生物的灭绝都会在不同程度上使生态系统的稳定性有所下降。当一个生态系统的食物网变得非常简单时，任何外力（环境的改变）都可能引起这个生态系统发生剧烈的波动。

生态系统中的能量是单向流动的，通过各个营养级的能力是逐级减少的，所以生态系统的维持必须有永恒不断的太阳能的输入，用以平衡各营养及生物维持生命活动的消耗。由于能量在通过各营养级时会急剧地减少，因此食物链不可能太长，生态系统中的营养级一般只有四五级，很少有超过六级的。所以，能量锥体最能保持金字塔形。

5.1.1.3. 生态系统的基本特征

根据现代生态学的研究成果，自然生态系统具有如下几个重要特征。

（1）自然生态系统具有整体性。在一个健康、成熟的生态系统中，生产者、消费者和分解者相互生成，它们共同构成生物群落，并且同其赖以生存的物理环境之间进行着永不止息的物质循环和能量流动。生物群落与物理环境以及生物群落间是彼此依存和相互影响的，通过物质循环和能量流动结合为统一的大系统。

（2）自然生态系统具有竞争性。生态系统是每一种生物为了生存和繁衍，在充分利用周围环境（如从周围环境中吸取空气、水分、阳光、热量和营养物质）又不断作用于周围环境（如释放和排泄自身的废弃物）的生存竞争中所形成的。经过长期的自然竞争和演化，每个区域的生物和环境之间、生物与生物之间形成了一种相对稳定的结构，具有相应的功能。因此，生态系统是一个充满生存竞争的系统。每种生物只有参与这种竞争并在竞争中取胜，才能生存下来成为系统的有机组成部分。

（3）自然生态系统具有功能性。生物群体与其生存环境之间、生物种群相互之间在长期的密切联系和相互作用过程中所形成的物质交换、能量转换及信息传导构成了特定的生态结构，具有特定的功能作用。例如，能量转换，绿色植物通过光合作用把太阳能转变为化学能贮藏在植物体内，然后转给其他动物。这样，营养物质就从一个取食类群转移到另一个取食类群，最后由分解者重新释放到环境中。

（4）自然生态系统是动态演化的系统。生态系统经过由简单到复杂、由低级到高级的长期演替，最后达到相对稳定的状态。在这种状态下，生态系统具有物种在种类和数量上保持相对稳定、能量的输入和输出接近相等的特征，这种状态被称为生态平衡。当生态处于平衡状态时，最有利于能量流动与物质的循环，环境资源才能被合理、有效地利用。

（5）生态系统具有自我调节能力。生态系统的动态平衡是通过生态系统的自我调节机制实现的。当生态系统的某个要素出现功能异常时，其产生的影响就会被系统发出的调节所抵消。生态系统的能量流和物质流循环以各种渠道进行着，如果某一渠道受阻，其他渠道就会发挥补偿作用。生态系统结构越复杂，能量流和物质流循环的途径越多，其调节能力或者抵抗外力影响的能力就越强。反之，结构越简单，生态系统维持平衡的能力就越弱。

（6）生态系统的自我调节能力具有一定的限度。即使调节能力很强的生态系统对外来冲击的耐受力也是有限的。只有在某一限度内可以自我调节，这个限度就是“生态阈值”。超越了生态阈值，自动调节降低甚至消失，生态平衡失调，系统中有机体的数量减少，生物量下降，能量流动和物质循环发生障碍，这一系列连锁反应导致整个系统慢性崩溃。比如，作为生态系统构成部分的人类对生态环境的影响力大大超过了自然的自调能力，而且主要是负面影响，这种影响成为破坏生态平衡的主要因素。这种负面影响主要表现在大规模地把自然生态系统转变为人工生态系统，严重地干扰和损害了生态系统的正常运转。

5.1.2　金融生态系统的仿生性及特异性

5.1.2.1. 金融生态系统的仿生性

对照自然生态系统，我们发现金融生态系统具有诸多自然生态系统的特征。

（1）自然生态系统是动态演化的系统，经历了一个从简单到复杂、从低级到高级的演变过程。现行的金融系统也是从原始状态演化而来的，并且经历了一个从简单到复杂、从单一到多元的演化过程，这种演化过程可以从金融机构和金融市场的发展历程看出。从古老的钱币兑换机构演化出经营存、贷、汇的早期银行机构，再从早期银行机构演化出储蓄机构、信托机构、保险机构等现代多种多样的金融机构；从原始的无组织的私人借贷到有组织的银行间接融资，再从银行间接融资演变为通过金融市场以证券信用为对象的直接融资。在这一漫长的演化过程中，金融生态系统中的各主体与金融环境以及各主体之间形成了一个相对稳定的系统。

（2）自然生态系统是在一定自然环境下演化的，因而具有不同的形态特征，如海洋生态系统、森林生态系统、沙漠生态系统等。金融生态系统作为一种社会人文系统，是在一定政治、经济、文化、法制环境下形成的，具有鲜明的制度结构特征。世界各国以及区域间多样化的金融结构就是很好的证明。实践表明，一个良好的金融生态环境有利于金融系统结构优化和功能完善，是金融生态系统趋于平衡的稳定器。

（3）自然生态系统是充满竞争的系统。在金融生态系统中，资金是一种稀缺资源，这形成了金融生态系统竞争的客观条件。为争夺稀缺的金融资源，各金融主体只有不断完善和创新，才能在竞争中取胜。金融工具创新、企业兼并与收购、银行股份制改革、金融全球化等都是为了适应激烈的竞争而产生的。正是由于竞争机制的存在，金融系统才充满活力。

（4）生态系统长期存在和发展的基础在于持续不断的物质循环和能量流动，而物质循环和能量流动是通过多样化的食物链相联结的。在自然生态系统中，食物链是指生物之间以吃与被吃的关系联结起来的链锁结构。食物链越多，食物网越复杂，生态系统抵抗外界干扰的能力越强。金融生态系统中，金融机构通过金融工具将资金供给者和资金的需求者相联结，从而形成了丰富多彩的金融食物链。食物链多样性是通过金融机构的多元化、金融工具的多样化以及金融市场的多层化来实现的。由于信息的不对称，金融生态系统中处处充满风险，而对各种风险的有效管理和防范是保持金融系统稳定性的重要前提。与分散的个体投资者相比，金融机构在风险识别、防范、化解方面具有比较优势，因此通过金融机构联结的食物链大大降低了金融系统中的各种风险。此外，金融工具的创新特别是金融衍生产品的出现，如期货、期权、互换等，丰富了金融生态系统中的食物链，为投资者规避利率、汇率和其他市场风险提供了条件，从而保障了金融生态系统的稳定性。

（5）自然生态系统具有自我调节能力，但调节能力也是在有限范围内。金融生态系统中也存在各种调节机制。例如，汇率机制可以调节国际收支平衡，利率机制可以调节资金供需关系以及资金分配结构，破产、兼并机制优化了金融机构的结构和规模，等等。当金融生态系统受到外界干扰时，各种调节机制相互作用，使金融生态系统恢复平衡。金融生态的自我调节能力也是有限度的。外力的影响超过限度就会破坏金融生态的平衡。正如在自然生态中，由于人类的破坏超过自然生态的调节能力，如大规模的森林砍伐和环境污染会造成河流断流、土地荒漠一样，在金融生态中，人为地限制某种金融种类发展会影响到金融生态链的形成。比如，对利率的管制不利于资金的优化配置。因此，金融生态要求对金融的调节应遵从金融规律，在金融生态的自调节限度内进行。

5.1.2.2. 金融生态系统的特异性

与一般的自然生态系统不同，金融生态系统的主体是人，人活动的积淀（社会、经济、法治、文化、习俗等）则形成金融生态系统的环境。换言之，金融生态系统有人的印记，人是整个金融生态系统的核心。所以，金融生态系统又具有自身的特异性。①

（1）与自然生态系统相比，金融生态系统更为复杂。由于人的活动具有社会性或外在性，人在经济交易和社会交往中会产生"溢出"效应，使金融生态系统呈现出比自然生态系统复杂得多的情形。例如，在自然生态系统中，主体与环境的边界是清晰的（生命和非生命）。在金融生态系统中，人既是提供金融产品和金融服务的生产者，又是消费这些产品和服务的消费者，同时会强烈地影响金融生态环境经济制度、社会制度、法制环境、文化传统等。因此，在金融生态体系中，金融主体和金融生态环境之间的界限常常并不十分明确，而且它们之间的互动关系是频繁的、立体的和多样化的，也更为复杂。

（2）在金融主体和金融生态环境之间的互动关系中，金融生态环境处于主导地位。不同的金融生态环境会对金融主体产生不同的约束并决定其选择空间，从而使金融主体的行为出现不同的特征。良性的金融生态环境能够有效减少金融主体的机会主义行为，促使金融主体将各种成本内在化。这就是形成了对金融主体行为具有良好的正向激励功能和约束功能的金融生态系统。因此，解决金融生态环境问题是要对现存制度结构的缺陷进行改造、优化，形成正向激励机制，有效地抑制和减少金融主体的机会主义行为，促使金融主体降低金融运作成本，提高运作效率。

① 李扬，王国刚，刘煌辉．中国城市金融生态环境评价 [M]. 北京：人民出版社，2005.

5.2 金融生态系统的模型构建

5.2.1 金融生态系统的内涵

5.2.1.1. 金融生态系统的边界

一般意义上的商业生态系统由生产者集合、消费者集合、分解者集合和市场集合组成，如图 5-3 所示。

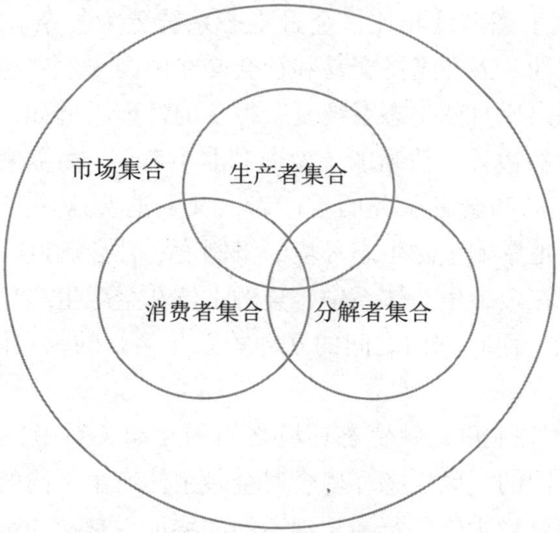

图 5-3 商业生态系统的组成（杨忠直，2003）

同商业生态系统一样，金融生态系统也是一个具有很多生态学特点的系统，是一个由金融主体因素与非金融环境相互作用、互相影响所构成的综合体，是金融系统与环境系统在特定时间、空间的组合。金融生态系统的基本框架由金融主体系统、金融生态环境系统和金融生态调节系统三部分组成，既包括企业和家庭与金融组织之间以存贷款、投融资、风险管理等业务为纽带联结起来的生态链，又包括金融市场、金融中介机构、金融产品要素之间及其与外部环境之间相互作用的系统。图 5-4 为金融市场运行示意图。

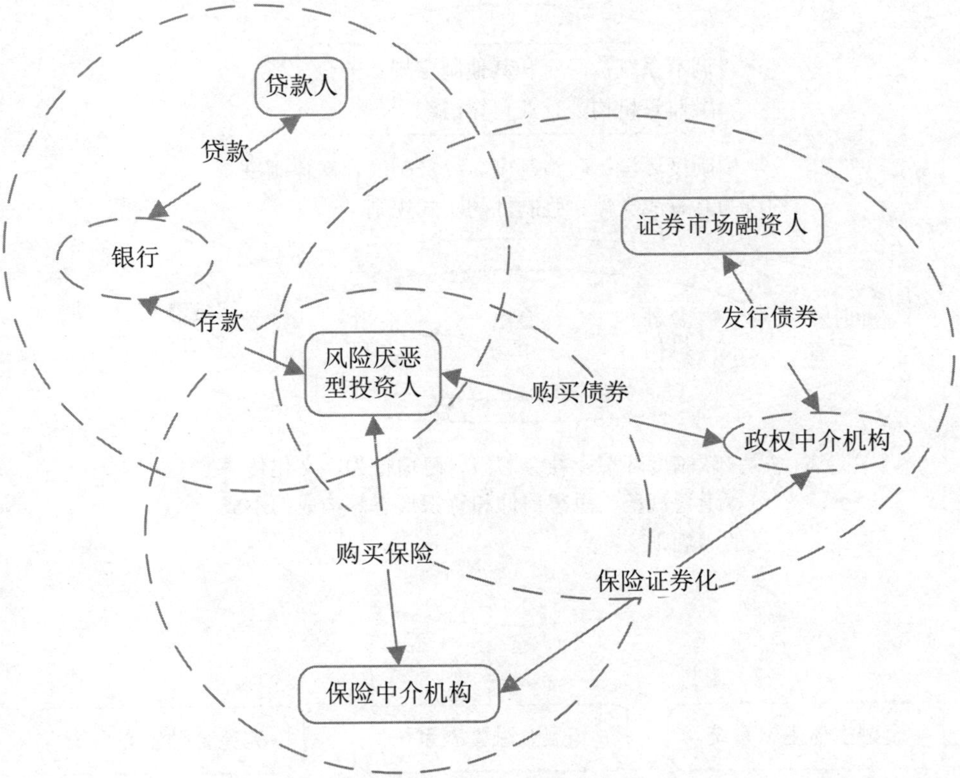

图 5-4　金融市场运行示意图

李扬（2005）指出，人的经济交易和社会交往以及在这些交易和交往过程中的“溢出”效果使金融生态呈现出比自然生态复杂得多的情形。比如，在自然生态系统中，人的活动既存在于提供金融产品和金融服务的金融主体中，又存在于消费这些产品和服务的消费者之中，还会强烈地影响作为金融主体活动之环境的经济制度、社会制度、法制环境、文化传统等。因此，在金融生态体系中，金融主体和金融生态环境之间的界限并不是十分清晰。

在生态学中，一般以地域为系统边界，借鉴前文提到的生态系统和商业生态系统，可以大体总结出金融生态系统的边界结构，如图 5–5 所示。

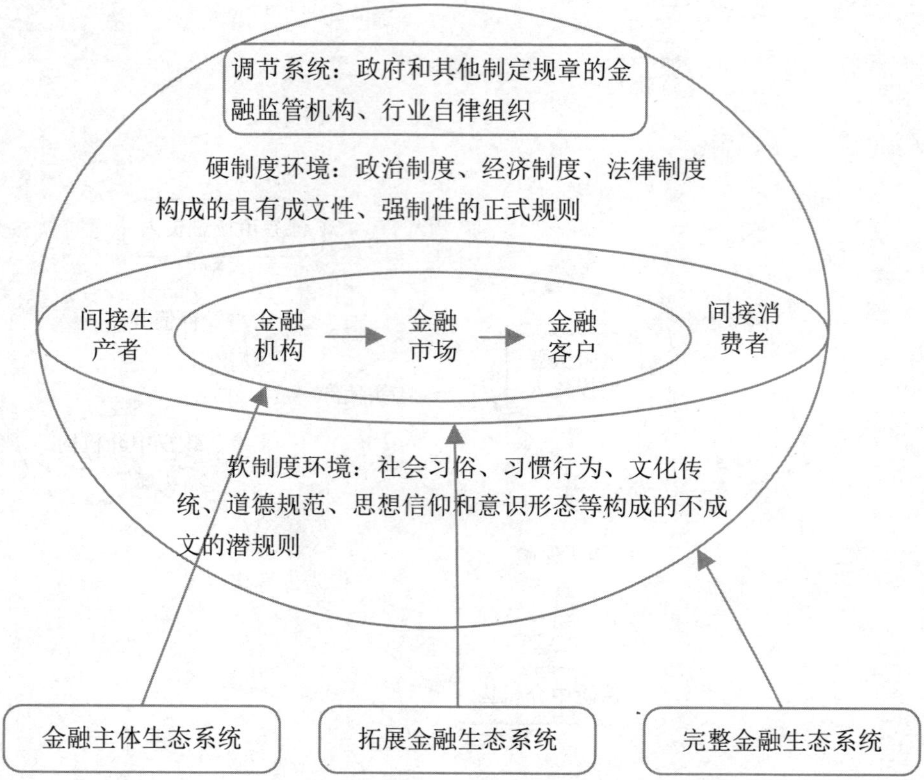

图 5-5　金融生态系统边界示意图

其中，金融机构主要指的是银行、证券、保险、民间借贷等金融机构和组织，以及所有提供金融产品和服务的金融中介主体，如证券交易所、期货交易所、基金公司、货币市场组织等。金融市场分为有形市场和无形市场：有形市场包括证券交易所、黄金市场、票据市场等；无形市场包括场外交易市场、全球外汇市场等。金融客户主要包括居民、企业、政府（作为消费者）等。

间接生产者是同金融业发生业务往来的、间接为金融业发展提供支持的个体或企业，如金融服务的外包提供商、金融信息化系统的提供商等。间接消费者是从金融行业间接获取产品或者服务的个体或者企业，如同银行的客户发生业务往来的企业、因金融机构获利而受益的企业等。

如果把金融生态环境理解为一套界定金融生态主体的选择空间、影响和约束其选择行为的制度结构，那么可以把制度环境分为硬制度（正式制度）和软制度（非正式制度），将金融生态环境分为硬环境和软环境。硬制度和软制度是紧密联系、相互依存的。一定的正式制度总是在一定的文化背景下，依据一定的价值观念、意识形态而建立起来的；一定的正式制度确立后也将约束人们的行为选择，并逐步形成一种新的行为习惯和伦理观念，即变成文化，形成一种新的非正式制度。

金融生态系统的调节分为内调节和外调节。内调节是指在金融主体生态系统层，通过价格机制和竞争的优胜劣汰规则自发调节金融主体的数量、规模、种类、结构乃至生存发展的策略，最终使金融与其环境之间达到最大限度的适应。外调节主要是指中央银行的货币政策调控和金融监管当局的监管行为。货币政策的调控目标是币值对内、对外的基本稳定，金融监管的目标是促进市场交易公平、高效。行业自律组织也是金融生态中重要的调节机制，它有助于防止生态竞争中的盲目行为和恶性倾向，增强生态的适应性和稳定性。

5.2.1.2. 金融生态系统的主体

金融虽然是虚拟经济，但本质上要以实体经济为基础和依托，并为经济发展服务。金融作为现代经济的核心，金融生态系统中涉及的内容更广泛、更复杂。所以，金融生态系统的研究应以经济主体行为的延伸为导向，而不能狭义地限定为金融体系内部的运作。

借鉴自然生态系统理论，一个完整的金融生态系统首先包括金融生态环境和具有生命特征的金融生态主体两大部分；其次，是在一定时间和空间内，各类金融生态主体之间、金融生态主体与外部金融环境之间，通过信用流动和资金循环所形成的、相互作用和相互依赖的、具有一定结构特征并执行一定功能作用的动态平衡系统。金融生态主体依据其功能可依次划分为调控者、生产者、消费者、分解者。金融生态系统的结构如图 5-6 所示。

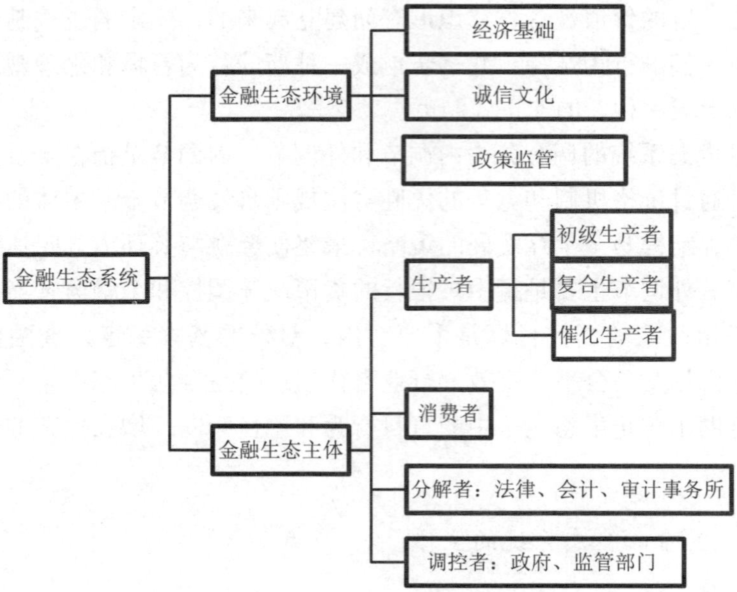

图 5-6 金融生态系统的结构

（1）狭义的金融生态环境包括社会信用体系与政策、法律等内容，这类观点主要从静态角度强调金融生态环境的内涵及其对金融机构行为和运行结果的影响。广义的金融生态环境包括文化环境、经济环境等各个方面。就金融生态系统的边界看来，金融生态环境应该是与金融业生存、发展具有互动关系的社会、自然因素的综合，包括政治、经济、文化、地理、人口等一切与金融业相互影响、相互作用的方面，是金融业生存、发展的基础。可以把金融生态环境归结为经济基础、诚信文化、政策监督。

（2）调控者对生产者、消费者、分解者这些金融主体进行控制，并协调金融主体之间的关系。人在自然生态系统中的角色是调控者，在金融生态系统中，同样具有重要作用的是国家监管机构，它对金融生态系统发展态势有着至关重要的作用和影响，因此国家监管机构是金融生态系统的调控者。各类监管机构的监管是金融生态的自调节，主要通过利率机制、市场机制、竞争机制、吞并机制、演进机制、自律机制等途径进行。

（3）生产者是生态系统中最积极的因素，在金融生态系统中，等同于包括金融市场的金融体系，它触发了金融生态系统循环的始点。它在一定的金融生态环境中，凭借信用和信息从居民、企业和政府那里吸收资金原料（闲散货币、设备、技术、单纯货币）并将其转化为可供企业消费的有效资金（金融资源），主要是指各种金融主体。依据资金原料的来源，金融资源的生产者可以划分为初级生产者、复合生产者和催化生产者。初级生产者直接在经济基础这个土壤中从居民、企业手中吸收暂时闲置的零散货币，将净吸纳的货币——沉淀的资金转化为其他主体可以长期投资使用的有效资金。复合生产者虽然直接吸纳闲散货币，但主要是间接地从其他生产者处获取资金。催化生产者是为了增强资金的流动性、分散金融风险、提供专业化辅助服务或加强政策性引导，其本质是催化、促进前两种生产者的发展及功能。

（4）消费者又称异养生物，主要指从事各种经济活动的企业。它是通过生产者提供的有效资金（金融资源）从事经济活动而获得价值增值的群体。在改变经济基础的同时，其多余的资金为金融体系提供资金原料，也会产生废弃物（不良资产、债务）。

（5）分解者主要是指中介机构（资产评估、清算等），消化处理金融活动留下的废弃物，如不良资产等。它通过上退市、股权并购等，将不能适应经济发展的成分分解回馈给金融生态系统环境；通过信用评估机制，将信息等信用表现形式传递给金融生态系统环境和其余主体，形成良性循环。

5.2.1.3. 金融生态链——资金链

（1）金融资源。

现代经济可以说是一种货币信用经济。各种社会资源的动员必须由货币与货币资本推动，各种资源的分配与使用又必须通过货币或货币资本的分配来实现。因此，货币及货币资本成为现代社会经济正常运转不可或缺的一种重要资源，即金融资源，但这种金融资源在本质上只是信用的表现形式。在生态系统中，贯穿始终的是物质和能量，能量以物质的形式表现。[①] 同样，在金融生态系统中永不停歇的是信用，它以资金、信息、技术等形式贯穿经济活动的始末。

（2）金融生态链——资金链。

生态系统能量的不断流动推动了物质周而复始的变化。在金融生态系统中，信用的不断流动带动了资金周而复始的变化，从而推动着经济不断发展。根据生态系统中食物链的定义，金融生态链是指资金供应者的信用及其表现形式通过金融主体一系列的投资和融资行为在经济运行过程中不断传递，各种金融主体按照投资和融资的关系而排列的链状顺序，即资金链（图 5-7）。

① 陈天乙．生态学基础教程 [M]．北京：高等教育出版社，1995：127-135．

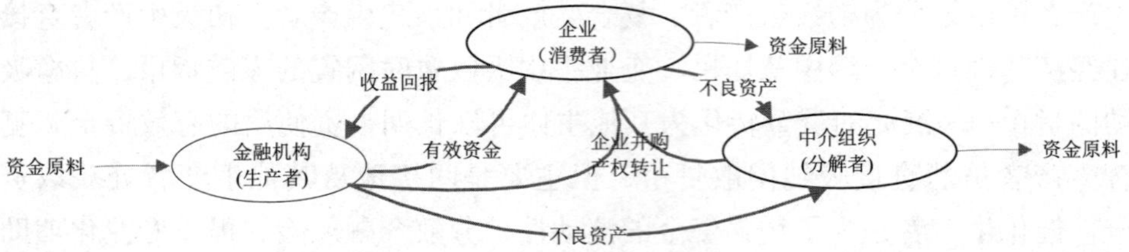

图 5-7　金融生态链

在金融生态链中，金融机构作为生产者在金融生态环境中吸收资金原料，也可以作为一个特殊的企业——消费者，同企业与中介组织一样向金融生态环境中释放废弃物——资金原料。金融生态链的具体运行可划分为以下几条：一是企业（居民）与金融机构之间以存款、贷款和利息费用等价值流动为纽带联结起来的生态链，其健全程度取决于经济市场化程度、经济发展水平、信用制度和金融市场的竞争程度；二是企业（居民）、中介组织与金融机构之间以信贷中介服务及企业兼并等业务为纽带联结起来的生态链，其健全程度取决于法律制度、中介组织实力及其执业公正程度；三是金融机构作为金融生态系统中的另一身份——企业，以其进入和退出市场业务为纽带与中介组织之间的金融生态链，其健全程度取决于金融市场的规范性和市场化。①

（3）金融生态链的规律。

①"金融深化"的扩大作用：金融深化的链条越长，金融价值就越高，金融产品就越丰富，金融市场就越发达，融通资金的能力也会越强。

②金融生态链营养级：金融生态链不是简单的直线（链式），而是由许多简单的金融生态链构成的错综复杂的金融生态网。金融生态中形成如此复杂的金融生态链是经济发展规律的结果，金融生态链（网）越复杂，则越倾向稳定。

③金融生态链中主体营养级的模糊化：由于金融主体的混业经营，金融主体在金融生态链中可能会出现在不同营养级上。这恰恰能够增加金融生态链的复杂度与适应度。

④金融生态链的信息联系：当金融生态链中的主体状态发生变化时，就会产生某种信息，而这种信息的传递可以消除金融生态链中的不确定性，并能使金融生态链中的其他主体作出相应的决策和反应。

① 刘振海．关于地区金融生态环境建设问题的分析与思考 [J]．济南金融，2005（4）：16-18．

5.2.2　金融生态系统的特征

金融生态系统是各种金融组织为了生存和发展，与其生存环境之间及内部金融组织相互之间在长期的密切联系和相互作用过程中，通过分工、合作所形成的具有一定结构特征、执行一定功能作用的动态平衡系统。它具有进化性、竞争性、创新性、稳定性等生态特征。

5.2.2.1. 金融生态的进化性

生物进化是指生物种群在一定时间内性状和遗传组成上的变化。其中，性状主要指形态结构、生理功能、行为个性等。张昀（1988）认为，生物进化是生物在与其生存环境相互作用的过程中，其遗传系统随时间而发生一系列不可逆的改变，并导致相应的表型改变。在大多数情况下，这种改变导致了生物总体对其生存环境的相对适应。

金融生态的进化性最先表现在金融的进化性上。在社会发展中，金融的组织结构、功能特征、经营管理方式等方面都发生了很大变化。表 5–1 详细说明了金融进化方向和内容。

表 5–1　金融进化简表

重要属性	早　期	中　期	近　期	现　代
历史阶段	公元前 700 年至 13 世纪	13 世纪至 16 世纪	16 世纪至 19 世纪	19 世纪至今
标志物	金融货币、消费信贷、农业信贷、贸易信贷、货币信贷、信贷借贷者、银行	票据、债券、复式会计、保单、抵押贷款、票据贴现、证券交易、保险、银行机构、保险机构、合伙企业	股票、期货、期权、银行券、股票交易、期货交易、期权交易、证券交易所、中央银行	基金、纸币、银行卡（信用卡）、欧元、基金买卖、股权交易、风险投资、网上银行金融监管局、存款保险公司
代表金融系统	美索不达米亚金融系统（公元前 700 年至公元前 500 年）； 希腊金融系统（公元前 6 世纪至公元前 1 世纪）； 罗马金融系统（公元前 1 世纪至 1 世纪）	意大利金融系统	阿姆斯特丹金融系统	美国金融模式

续 表

重要属性	早　期	中　期	近　期	现　代
世界金融中心	南欧	意大利北部	阿姆斯特丹	由英国转向美国
特征	金融工具局限于贵重金属或者金融货币；贷款被用于个人消费需要、农业生产和贸易融资；金融中介局限于货币兑换、货币借贷者和银行	金融工具更为多样化，且包括贸易信贷、抵押和政府及公司证券；金融机构包括早期类型的银行和保险公司，政府和公司债券的交易是有限的，且发生在非正式的市场	金融市场更加正式化，政府通过机构，如中央银行，更多地涉足金融市场	中央银行体系已经成为现代世界各国金融体系的中心；金融风险防范和处置的职能进一步从中央银行中分析出来；货币已经朝着脱离国家主权向跨过经济区域的同一化方向发展；鼓励竞争、放松管制，金融业回归企业本性，金融创新层出不穷

金融的一步步发展标志着金融生态系统的逐步完善和扩大。不仅系统如此，从金融生态主体——以银行为例分析也会得出不断发展进化的结论（表5-2）。

表 5-2　银行业的发展：从国内银行到全球全功能银行

<table>
<tr><th></th><th>国内银行</th><th>国际银行</th><th>国际全功能银行</th><th>全球全功能银行</th></tr>
<tr><td>主要业务对象</td><td>出口和进口</td><td>积极的海外直接投资</td><td colspan="2">多国公司的多种需要</td></tr>
<tr><td rowspan="2">经营业务范围</td><td rowspan="2">与贸易有关的外汇操作、短期的资本操作</td><td rowspan="2">海外贷款和投资变得重要起来，在海外从事长期资本业务</td><td colspan="2">从事非传统银行业务，如租赁、商业（投资）银行业务、咨询业务、资产管理业务</td></tr>
<tr><td>金融批发业务</td><td>金融零售业务</td></tr>
<tr><td>运作方法</td><td>与国外银行的合约</td><td>扩充海外分支机构和办事机构</td><td colspan="2">在海外扩充机构、资本参与，建立与非银行的附属机构（金融和非金融的），在全球范围内吸收资金、发放贷款和从事投资</td></tr>
<tr><td>主要服务对象</td><td>主要是居民</td><td>主要是居民</td><td colspan="2">居民和非居民</td></tr>
</table>

5.2.2.2. 金融生态的竞争性

进化论认为，自然界的一个基本特征是生存竞争。它广泛地存在于生物世界中，存在于物种之间甚至物种的成员之间。竞争源于生物的自私本性，是自然进化的机制。自然选择就是通过生存竞争保留有利的物种，淘汰不利的物种。在金融生态系统中，竞争性也是基本特征之一。金融的进化也是通过竞争实现的。竞争可以促进金融业发展，实现优胜劣汰。

在金融研究变迁的过程中，不断会有企业破产倒闭（海南发展银行等），也不断会有新兴企业（渤海银行等）加入进来，尤其是在经济发展迅速、政府干预较少的时期。这是一个新事物替代旧事物的过程。金融业从传统来说就是充满风险但又有利可图的产业。生态环境的永恒变化、竞争的压力迫使企业改变策略，适应变化。总体来讲，竞争迫使企业创新服务方式，改进服务质量，提高服务效率。

5.2.2.3. 金融生态的创新性

就像适应、变异是生物面对环境变化会作出的适应性反应一样，金融创新也是金融主体面对环境变化而做出的适应性反应。所有现存的金融制度、金融组织、金融工具和市场都是在过去的某一时刻被创造出来的。可见，金融创新不是一个新现象，而是金融生态系统所具有的一个特征，内生于金融生存与发展的始终。

人类社会中第一个最有意义的金融创新可能是从众多交易媒介中选择出最适合充当货币的交易工具——金属货币。然后，由块状的金属货币到标准的铸币，再到纸币，直至今天的汇票、银行券等支付凭证的出现，金融跨越了货币领域，进入了货币信用与支付相融合的新阶段。金融创新的加快应该说是 20 世纪以来的事，尤其是 20 世纪末金融创新的步伐在加快、范围在扩展。金融创新与各国的金融制度结构、金融监管管制的程度以及金融地位和作用的认识有关。20 世纪 20 年代以来的金融创新主要在美国或者由美国机构提出。欧洲和日本机构也一直以惊人的速度和灵活性采用并创造新的金融工具和技术。我国的金融创新起步较晚，加之国家对金融业较为严格的保护和监管，总体来讲还远落后于西方国家。但近年来，相关管理机构提升了对金融创新的重视程度，并取得了一定成绩。表 5-3 为中国金融创新六大成果。

表 5-3　中国金融创新六大成果（苏宁，2009）

序　号	创　新	原因或成效	措　施
1	创新货币政策调控工具	为了有效调控银行体系的流动性	人民银行采取市场化和地方化相结合的方式来发行中央银行的数据
2	创新金融企业改革资金支持政策	国有企业在发展多年后，面临资本金不足的问题	利用外汇储备对商业银行进行注资，补充了国有商业银行资本金，同时提高了外汇储备的收益，缓解了各种压力，调动了有关方面的改革积极性
3	金融制度创新，稳步操作利率体系改革	培育中国货币市场，进一步促进金融机构提高自主定价能力，完善货币政策传导机制，推进市场化，增强规避风险的意识和能力	贷款利率变化幅度进一步扩大，金融机构在产品定价中有了更多的主权
4	大力推进金融组织创新	提高金融主体竞争力	中国银行、建设银行等银行股份改革取得了重大进展，推进批准中国人民银行、交通银行、建设银行等商业银行建立基金管理公司，稳步推进农村信用社改革
5	大力推进金融市场产品创新	直接融资特别是债券融资比重较低	中国人民银行在银行市场先后推出企业短期融资券，丰富了金融市场产品和风险管理工具，有效满足了不同风险偏好投资者的金融需求。2008 年，共有 181 家企业发行短期融资券，24 家企业发行中期债券，共计 1 727 亿元
6	创新金融服务体系	提高金融机构能力，更好地服务社会主义市场经济	近年来，加快了金融服务体系建设，设立了很多试点，如中国人民银行上海总部

创新一旦产生，就会迅速地在同业之间及国际国内扩展，这一点得益于国家级别或者国际级别的金融市场、金融生态系统的存在。

5.2.2.4. 金融生态的稳定性

一个稳定的生态系统必须满足以下几点：第一，维持生态系统的多样性和物种的多样性；第二，维持生命元素循环的闭合，因为一个比较闭合的循环才能有较少的营养元素流失到系统之外，否则会导致系统的退化甚至崩溃；第三，维护生态系统结构的完整性，因为复杂的系统结构和空间分布是生态系统长期演替的结果，其本身具有天然的合理性；第四，维护生态系统生物与非生物环境平衡。

生态系统是一个具有自我调节能力并趋于稳定的系统，金融生态系统也是如此。一个成熟的金融系统具有稳定的特征，因为每个人都是在各种条件和环境的制约下追求自身福利，并且公众需要稳健的银行。被公众认为不够稳健的银行将失去公众信心，而后便是挤兑风险、失去市场。一家希望持续经营的银行必须使其客户满意并保持自身稳定。

5.2.3　金融生态系统平衡及调节

5.2.3.1. 金融生态平衡结构与特征

生态平衡是整个生态系统保持正常的生命维持系统的重要条件。从生态学的定义来讲，生态平衡指的是生态系统的各种因素（生物种类和非生物种类）通过相互制约、转化、补偿、交换等作用达到一种协调的状态。生态平衡包括生态系统内两个方面的稳定，从表征上看，一是生物种类（生物、植物、微生物、有机物）的组成和数量比例相对稳定；二是非生物环境（空气、阳光、水、土壤等）保持相对稳定。生态平衡是一种动态平衡。比如，生物个体会不断发生更替，但总体上看系统保持稳定，生物数量没有发生剧烈变化。生态系统一旦失去平衡，就会发生非常严重的连锁性后果。例如，20 世纪 50 年代，我国曾发起消灭麻雀的运动，可是在大量捕杀了麻雀后的几年里，出现了严重的虫灾，使农业生产受到巨大的损失。生态平衡也是一种相对平衡。任何生态系统都不是孤立的，会遭到外界的干扰。生态系统对外界的干扰和压力具有一定的弹性，其自我调节能力也是有限度的，称为“闭值”。如果外界干扰或压力在其所能忍受的范围之内，它可以通过自我调节能力而恢复；如果外界干扰或压力超过了它所能承受的极限，其自我调节能力就遭到了破坏，生态系统就会衰退，甚至崩溃。把这种生态平衡的观点移植到商业生态系统中更多考虑的是和谐共生，生态主体之间的竞争与合作都处在一个健康有序的水平上，企业的出生和死亡数量都没有出现极大的波动。金融生态系统是商业生态系统中的一个具体例子，金融生态平衡又有一些自己特有的标准和表征。与金融生态系统平衡相关的一个概念是金融稳定。关于金融稳定，国际上没有统一的定义，西方国家的学者常用否定式判断（从金融不稳定的角度）加以分析。本研究注重管理学的分析，所以对金融稳定的具体金融学表现不进行详细介绍。段小茜（2007）认为，金融稳定是指金融体系各组成部分内部及其相互之间的制度安排合理，有效发挥风险配置、资源配置等核心功能的运行状态；金融稳定具有宏观（系统）性、动态性、效益性和综合性。段小茜还指出，金融体系的稳定是微观金融主体与外部经济金融及体制环境、金融市场和金融基础设施等相互作用的结果，金融体系的稳定依赖微观金融主体重要作用的发挥，金融稳定总体制度框架的实施是以微观金融主体的自稳定性为前提的。虽然微观金融主体的稳定性并不直接构成金融体系整体的稳定性，但如果没有微观金融主体的自稳定性及其适应性的调整，金融体系的整体稳定将成为无源之水、无本之木。

徐诺金（2007）从微观、中观、宏观三个层次对金融生态系统的平衡进行了分析，本节的分析将建立在其研究的基础之上。

所谓微观角度，是指单个金融企业，金融企业是整个金融生态系统中的生产者。它能有效地为社会提供金融产品和服务，从而实现自身利润的最大化目标。要使企业处于平衡状态，必须实现“投入—产出”的有效循环，也就是说从资本的投入服务或产品的产出能有效地转化为利润，否则这家金融机构就是在侵吞公共存款，消耗金融资源。因此，对微观的个体金融组织而言，金融生态平衡的最低标准就是要在资本为正的条件下使“投入—产出”循环顺畅。微观金融生态平衡如图 5-8 所示。

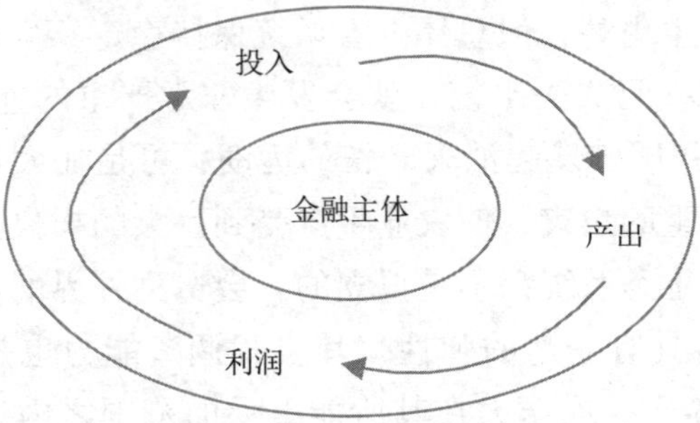

图 5-8 微观金融生态平衡

中观层次即由众多金融主体构成的金融群落（金融行业、金融体系）的平衡，可以从金融主体的准入到金融主体的推出能否有效维护金融系统的优胜劣汰机制、是否会对外部（社会经济系统）产生冲击来考量。中观金融生态平衡如图 5-9 所示。

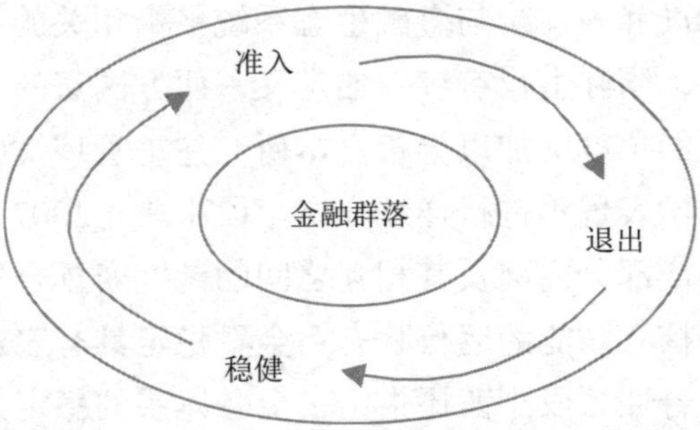

图 5-9 中观金融生态平衡

宏观金融生态系统平衡也就是把金融群落放入社会经济系统中考察，金融系统的功能是满足社会经济系统的需要，使社会经济系统更快、更好地发展。从金融学角度讲，有三方面的供需平衡：货币流通、资金配置和风险管理。宏观金融生态平衡如图 5-10 所示。

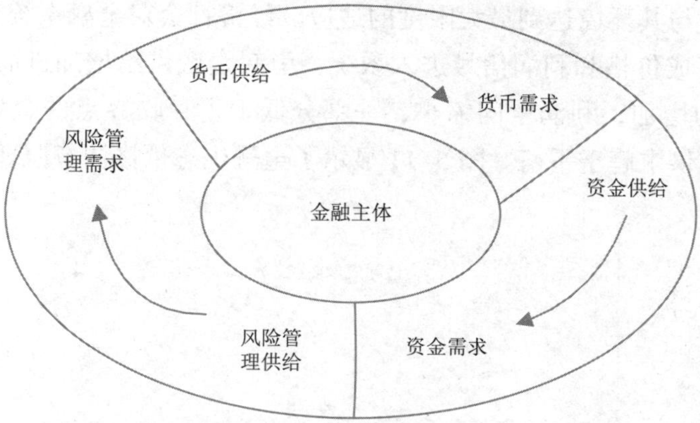

图 5-10　宏观金融生态平衡

金融生态系统是一个金融与环境相互作用的系统。从平衡条件来说，金融生态系统要保持平衡，处于金融体系中观层次的金融体系必须保持平衡，而金融体系要保持平衡，金融生态也必须保持平衡。经济因素、政治因素、法制因素等环境因素都会影响中观金融生态和微观金融生态的平衡。因此，要实现整个金融生态的平衡，这些因素处于基本稳定的状态是十分必要的。

综上所述，笔者认为金融生态平衡是基于组织、结构、功能、效率和安全基础上的平衡，是金融系统与社会经济系统的全面适应和自身的高效运作。因此，一个平衡的金融生态系统必须具备以下特点：①货币供求平衡，业务价格稳定；②金融运行稳定，各部分功能作用正常；③经济系统稳定，经济成长稳健。

5.2.3.2. 金融生态系统的调节机理

在自然生态中，适宜生物生存的地点的种群密度会比较高，但任何地点或任何种类的种群的数量都不是无限增长的，起到这种抑制作用的就是自然生态系统的调节机理。从整体来讲，自然生态系统的调节机理研究分为两种流派：一种强调外源性因素，如气候学派认为生物种群的密度是由气候决定的；另一种强调内源性因素，如生物学派主张食物、疾病、捕食、寄生和竞争等生物过程对种群调节起决定作用。在生态系统的进化调整过程中，无论是内部的调节，还是外部的调节，都起着重要作用。

金融生态系统的调节分为内调节和外调节。金融生态系统的内调节是指各金融生态主体在平等竞争的情况下，通过市场价格机制和竞争的优胜劣汰机制自发调节金融主体的数量、规模、种类、经营管理的方式方法及战略，最终使金融与其环境达到最大限度的适应。经济社会对金融系统提出的金融服务要求变成价格和利润信号进入系统，引起金融供给增加进而满足需求。随着供给的增加，利润空间缩小，一部分低于生存临界点的金融供给会退出，从而使供求趋于平衡。图 5-11 显示了金融生态价格调节原理。

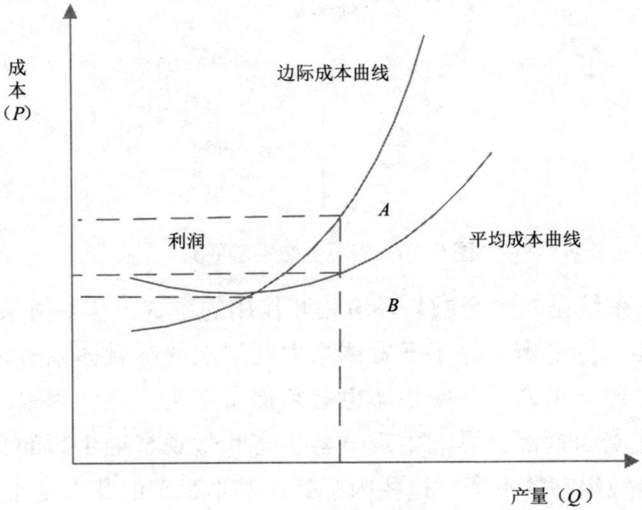

（a）

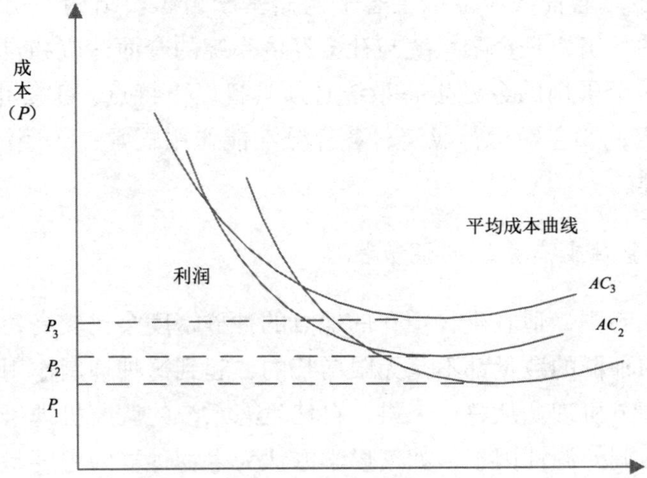

（b）

图 5-11　金融生态价格调节原理

图 5–11（a）表明，如果价格高于平均成本曲线的最低点，金融组织就会获得利润。利润量可以由长方形阴影部分的面积加以度量，它等于每单位产出的利润（价格减去平均成本，相应于 *AB* 之间的距离）乘以金融供给数量 *Q*。图 5–11（b）给出了三个不同金融组织的平均成本曲线。在价格水平为P_1时，只有一个金融组织会进入该市场。随着价格提高到P_2，平均成本曲线为AC_2的金融组织进入市场。当价格进一步提高到P_3时，成本曲线AC_3的金融组织也会进入市场。

结合经济学的分析，内调节的主要机制是价格和市场退出。由于价格机制是检验金融组织生存能力的根本标准，在充分竞争的条件下，边际成本高于市场价格的金融组织将发生亏损，当亏损危机资本时，这个金融组织就会退出市场。

相反，那些边际成本或边际收益较好的金融组织则会继续生存。这样，价格和市场退出机制实质上起着调节金融生态的作用，能使金融生态系统自动趋于平衡，如图 5–12 所示。

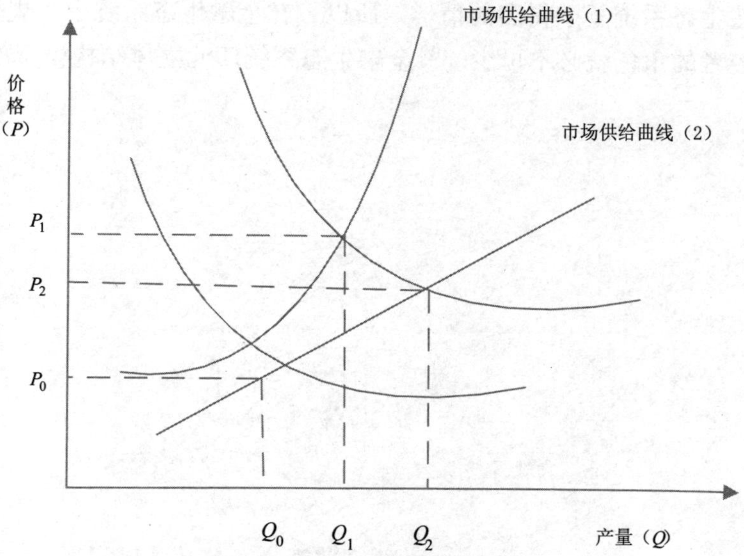

图 5–12　金融生态供求均衡趋势图

金融生态系统的外部调节机制主要是政治、经济、法律的变化，以及金融监管。在不同的时期由于面临的各种情况不同，影响各国或不同区域的环境因素也不尽相同，但政治、经济和法律对各国或者不同区域的生态系统就像影响生物的主导因子一样，是影响金融的主导因素，是对金融生态起制约作用的关键因素。金融监管主要有三项任务：一是制定交易规则，规范交易程序；二是强制信息披露，促进交易公开透明；三是执行交易监督，处理交易纠纷。高效的货币政策调控系统和金融监管制度可以使金融生态系统成为促进社会经济系统发展和稳定的系统。

5.2.4 金融生态系统的四元立体结构模型构建

5.2.4.1. 构建金融生态系统四元立体结构模型

在自然生态中，生命有机体包括动物、植物、微生物。按生命有机体在物质与能量运动所起的作用，生命有机体可分为生产者、消费者和分解者三类。人作为食物链上的一个环节，其影响力不断增强，几乎遍布生态系统的任何角落，影响甚至控制着自然生态系统。所以，应该将人置于自然生态系统中，并将人的角色定位为调控者。这就使自然生态系统中的三元结构进化为四元结构。在金融生态系统的特异性中，由于人的活动具有社会性或外在性，人在经济交易和社会交往中会产生“溢出”效应，使金融生态系统呈现出比自然生态系统复杂得多的情形。所以，在金融生态系统中，规范人的活动的调控者的角色就必不可少。[①] 金融生态系统四元立体结构模型如图 5-13 所示。

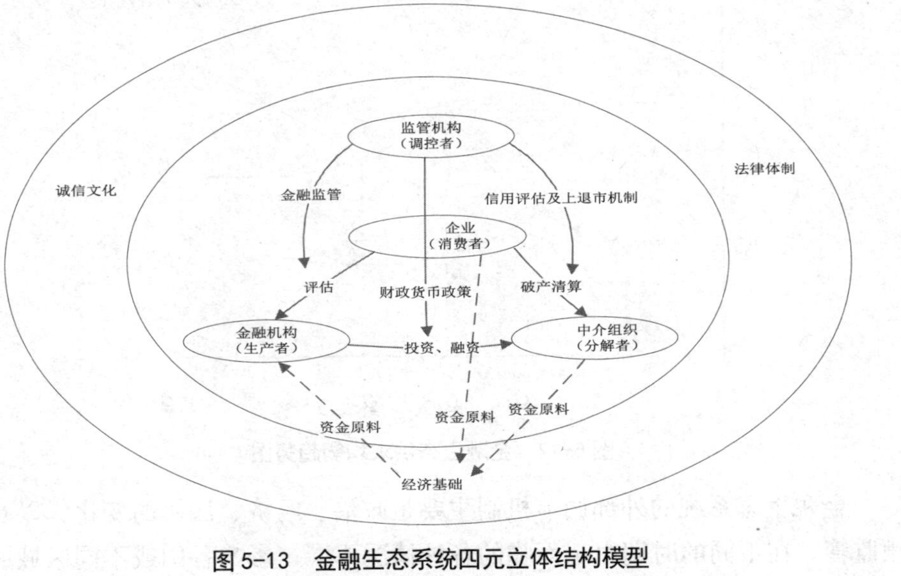

图 5-13　金融生态系统四元立体结构模型

① IANSITI M，LEVIEN R．Strategy as ecology[J]．Harvard Business Review，2004，82（3）：68-78，126．

由图 5-13 可以看出，金融机构（生产者）、中介组织（分解者）、企业（消费者）三者以信用和资金为纽带，通过投资融资、破产清算、信用评估等方式形成一个相互制约、相互促进的立体结构；监管机构（调控者）通过行业行为规范对金融机构（生产者）、中介组织（分解者）、企业（消费者）进行约束和控制。这就构成一个以监管机构（调控者）为塔尖，以金融机构（生产者）、中介组织（分解者）和企业（消费者）为底面的四面体。同时，监管机构（调控者）分别通过金融监管、信用评估及上退市机制、财政货币政策控制协调金融机构（生产者）、中介组织（分解者）和企业（消费者）之间的活动，构成这个四面体的另外三个面。在金融生态系统运行过程中，潜移默化地传播和接收信息、技术等资金表现形式的金融生态系统环境构成了保护金融生态系统正常运行的保护层。

作为金融生态环境，经济基础、诚信文化、法律体制同样在金融生态系统中扮演着自己的角色。金融是现代经济的核心，必须依赖经济的发展而存在。在金融生态系统中，金融服务于经济发展，金融发展的动力也主要来自所依存的经济基础。因此，经济基础同样发挥着类似土壤的生态作用，是构成金融生态环境的重要因素。经济基础决定着能为金融生态主体提供“食物”的总量和结构，也决定着金融生态主体的生存空间及可持续发展能力。

在前文中，我们分析了信用代替自然生态系统中的能量流动，资金代替物质循环。在自然生态系统中，太阳能源源不断地输入是保障自然生态系统循环往复的重要环节。同样，在金融生态系统的运行过程中，不断注入的是信用。与自然生态系统不同的是，信用的注入不是金融生态系统循环的起点，而是金融生态链的各个环节。我国目前金融生态的恶化在很大程度上就源于信用的缺失。在自然生态系统中，大气层可以过滤太阳光中部分紫外线等对生态系统运行发展有害的因素。同样，在金融生态系统中，法律起到的就是屏障作用。它主要用于规范金融主体行为，有效剔除不利于金融生态系统运行的投机行为，保护金融生态主体利益，从而保障金融生态系统的运行顺利进行。

5.2.4.2. 金融生态系统四元立体结构模型解释

金融运行及金融生态和谐发展所依托的最为重要的生态环境要素是经济基础、诚信文化和法律体制。

（1）经济基础（土壤）。在金融生态系统中，金融服务于经济发展，金融发展的动力也主要来自所依存的经济基础。因此，经济基础同样发挥着类似土壤的生态作用，是构成金融生态环境的重要因素。经济基础决定着能为金融生态主体提供“食物”的总量和结构，也决定着金融生态主体的生存空间及可持续发展能力。

从经济功能的角度看，金融生态系统的产生和发展概括起来，是源于金融部门的产品与服务可以吸收和转化家庭部门的储蓄，缓解生产部门的预算约束，满足扩大投资和再生产的需要；经济发展是金融生态环境建设的基础，经济决定金融，小经济孕育不出大金融，紊乱的经济体系产生不了有序的金融市场，稳定的经济环境是金融稳健经营的前提。此外，经济基础代表着该区域内所有企业的产出能力，对整体金融资产质量有非常直接的决定作用。经济基础的差异主要表现为经济总量差异、经济质量或结构差异及经济效益差异。经济总量决定着能够生存其间的金融主体的总量，经济结构、质量及效益决定着金融主体的生存质量及可持续发展能力。通常用人均GDP来衡量不同区域的经济发展水平。经济结构包括产业结构、产权及组织结构、产业技术结构、企业规模结构及经济发展模式等。经济效益则指投入与产出之间的关系，主要衡量指标有投资产出率、投资回报率、产值利税率等。

（2）诚信文化（太阳辐射）。考察自然生态系统可以发现，地球上所有的生命的延续归根结底都是由太阳能驱动的，太阳辐射能量在大气层中逸散和过滤后经光合作用融入植物体内。太阳辐射在地球表面的不均匀分布会影响光合作用和温度，进而使动植物形成不同的生态习性。在金融生态系统中，诚信是金融活动之本，是金融的生命和灵魂，失去了诚信的金融活动就如同自然界失去了阳光的普照。我国目前金融生态方面出现的问题在很大程度上就源于信用的缺失。因此，诚信文化同样发挥着类似太阳辐射的生态作用，是构成金融生态环境的重要因素。

诚信文化涵盖金融资源生产、消费的各个领域，涉及企业、个人、政府等方面，包括金融产品及服务的消费者有无诚信意识、社会诚信文化传承环境、信用环境建设的制度和措施及征信体系的建立与完善等。一方面，诚信文化是金融主体“人身安全”的内在保障。诚信文化的好与坏直接决定着金融产权受侵害的程度，直接对金融生态主体的活动产生激励和约束作用。金融交易通常是一种承诺，时间和空间上的分离带来了不确定性和信息不对称性，易导致道德风险和逆向选择。一个好的信用体系应对不守信用的主体给予惩罚，为讲信用的主体提供方便，从而有效遏制信用问题的发生，这有助于金融生态环境的健康发展。好的信用环境会降低经营风险，减少应收利息损失或资本（资金）本身的损失。另一方面，经济契约化是市场交易的基本特征之一。对企业来说，诚实守信代表着履约的意愿和可能性，是企业参与市场交易的基本条件，更是进入融资市场的必要条件。正如破坏自然环境所影响的不只是某一类物种的生存，整个生态平衡也会被打破。不诚信的行为不仅会导致银行不良资产居高不下，还会使融资的难度和成本大大增加，整个经济金融发展将处于高风险的恶性循环之中，金融风险的累积最终可能引发金融危机。①

（3）法律体制（温度调控）。考察自然生态系统可以发现，地球表面温度随空间和时间而不同，由此会产生不同的气候带、季节性气候。各种生物的生长发育都是在一定温度范围内进行的，不同生物需要不同的温度环境，因此不同纬度及海拔所造成的不同气候带就成为温度习性各不相同的生物种类地理分布的限制因素，不同的气候带形成了不同的生态系统类型。在金融生态系统中，政治、经济、文化的许多特征是通过法律体制来体现和塑造的，因此法律体制同样发挥着类似温度调控的生态作用，成为金融生态环境中的重要因素。

法律体制是生态主体"生命活动"的行为准则和"人身安全"的根本保障。产权是金融生态主体的生命机体，只有在完善的法律体制下，金融主体的产权才能得到有效的保护。好的法制体制（包括立法、司法）会使金融债权得到有效保护或减少损失。如果现行法律体制存在重大缺陷，执法效率低下，司法缺乏公正性和独立性，那么不仅会使金融主体"人身安全"无法得到保障，还会诱使地方政府产生种种机会主义行为。金融活动的良性发展既要求必须拥有完善且适宜的规范金融主体行为的法律体制，又要求实行严格的执法以制裁各种违法犯罪行为。②

① 徐诺金．优化我国金融生态：现状与路径 [J]．南方金融，2006（8）：27-30．

② 谢太峰．我国金融生态的问题与对策 [J]．河南金融管理干部学院学报，2006（3）：40-44.

第6章　构建旅游产业发展的金融生态系统模型

6.1　旅游地生命周期模型的构建

巴特勒的旅游地生命周期理论自问世以来，就受到国内外学者的广泛关注。他们纷纷对该理论的应用和研究意义进行讨论，尽管有不少批评，但接受这个理论的趋势更强。库伯就高度评价说："旅游地生命周期理论的解释功能是旅游概括性理论的发端。"生命周期理论是一个能合适地解释旅游地发展的模型，在指导旅游地规划和管理方面，可以为管理者提供长远的思想以及揭示各个阶段不同变化的影响力。生命周期的解释模型若能与供求双方的变量完美结合起来，则很可能成为旅游一般理论的源泉。就中国的情况而言，巴特勒的旅游地生命周期理论为我们提供了研究旅游地演化过程的理论框架。应用这个理论框架去分析各种不同旅游地的具体生命周期特点及其规律、剖析形成这些具体周期特点和规律的内在因素，可以有效地指导旅游地的规划、建设和经营管理。旅游产品的发展具备产品发展生命周期的基本特征，旅游地的发展本身也具备生命周期特征。关于旅游地生命周期理论的提出和应用在国内旅游产业发展研究中都有很广泛的应用。

6.1.1　旅游地生命周期理论及各个阶段的特点

旅游地作为产品吸引客户，进而促进旅游地经济的发展。因此，旅游地本身具备产品的基本特征。只不过旅游地作为产品又具有广泛性、内涵性、协作性等特征。旅游地生命周期模型借鉴了产品生命周期模型对旅游地的发展过程进行描述。旅游地生命周期模型（图6–1）的演化周期主要分为探索、起步、发展、稳固、停滞、衰落或复苏六个阶段。这六个阶段的不同特征决定了六个阶段中的发展重点和所需要的金融支持与相关服务。通过分析旅游产品的发展状况、配套设施的完善程度以及旅游者数量和旅游者心理等方面在六个阶段中的变化，有针对性地提出每一个阶段发展困难的解决方案，并且通过人为干预影响其生命周期的长度，尽可能找到旅游资源新的吸引物，进入下一个发展周期。

在衰落或复苏阶段有可能发生五种情况（图 6-1 中曲线 A、B、C、D、E）：①深度开发卓有成效，可促使游客增加和市场扩大，如曲线 A；②较小规模的改造和调整，持续对资源吸引力的保护，游客量可以较小幅度地增长，如曲线 B；③调整满足各种容量水平，可遏制游客量下滑的趋势，使之保持在一个稳定的水平，如曲线 C；④过度利用资源会降低竞争能力，从而导致游客量显著下降，如曲线 D；⑤战争、瘟疫或其他灾难事件的发生会导致游客量急剧下降，如曲线 E，这时要想游客量再恢复到原有水平极其困难。

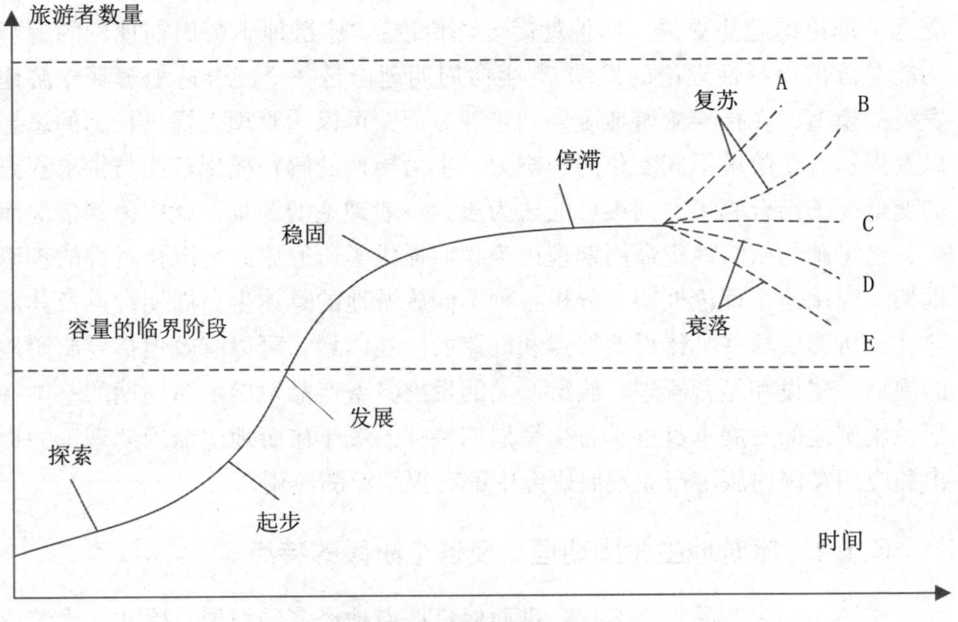

图 6-1　旅游地生命周期模型

6.1.2　旅游地生命周期模型中各个阶段的特征

在旅游地生命周期模型的六个阶段中，现主要分析其旅游产品的发展状况、配套设施的完善程度以及旅游者数量和旅游者心理等特征（表 6-1）。

表 6-1　旅游地生命周期模型中各个阶段的特征

阶　段	特　征
探索	1. 探索阶段是旅游地发展的初级阶段，主要以自然资源和文化资源为吸引物发展旅游产业。在此阶段的发展中，旅游地的旅游基础设施匮乏，旅游管理规范不完善，旅游产业链条发展不完善，旅游服务不到位 2. 在此阶段，只有少量的“探险者”游客和“多中心型”游客，对于旅游地的满意度有限
起步	1. 为了发展当地经济，政府部门会对自然资源和文化资源进行初步开发，并建设基础设施，而且会在当地进行旅游广告宣传，旅游产业链的发展有待进一步完善和优化 2. 在此阶段，旅游地对游客的吸引力有明显的季节性，游客以“近中心类型”为主
发展	1. 政府部门更多地介入旅游资源的管理，开始吸引外来投资，并逐步放开旅游资源的控制权；外来资本逐步控制旅游资源，并更多地介入旅游资源的开发过程中，同时进行大范围的宣传工作，旅游吸引物就从原来的自然资源和文化资源逐步转变为人造景观吸引物 2. 在此阶段，游客数量呈现增长趋势，并且数量超过当地居民，“探险者”或“多中心型”游客将逐步被“中间型”游客取代
稳固	1. 在此阶段，旅游产业基础设施、旅游产业链条发展和旅游管理服务相对完善，旅游地居民在当地旅游产业的发展中收获经济利益，并且愿意配合当地旅游产业的发展，此阶段的投资主要用于旅游地意外的广告宣传和新的旅游产品的开发和完善，逐步克服当地旅游发展的季节性 2. 在此阶段中，由于旅游地容量的原因和游客对旅游地认知的关系，游客增长速度减缓，逐步吸引“自我中心型”游客
停滞	1. 在此阶段，旅游地产品已经趋于成熟，并且旅游地产品的所有权和控制权是可以进行转换的。在所有权和控制权的更迭中，会出现旅游地基础设施维护、管理服务方面的诸多问题，而且由于发展时间的问题，其他地区涌现出旅游地同质产品，会对旅游地产生强烈的竞争 2. 在此阶段，旅游客流量达到顶峰，设施经营者需要依靠“回头客”和会议旅游者，旅游基础设施存在过剩现象
衰落或复苏	1. 外来投资会退出本地旅游产业发展寻求新的旅游吸引物，本地投资者控制旅游地旅游资源。在此阶段，旅游基础设施面临陈旧和功能不完善的情况，需要开发新的旅游吸引物 2. 在此阶段，旅游者被吸引至新的旅游地，旅游地的客源市场在空间和数量上逐步减少 重点是要用全新的吸引物取代原有的吸引物，或者开发新的自然资源

6.1.3 旅游地生命周期影响因素

影响旅游地生命周期的主要因素有需求因素、效应因素和环境因素。图6-2概括了旅游地生命周期与各相关因素的作用关系。

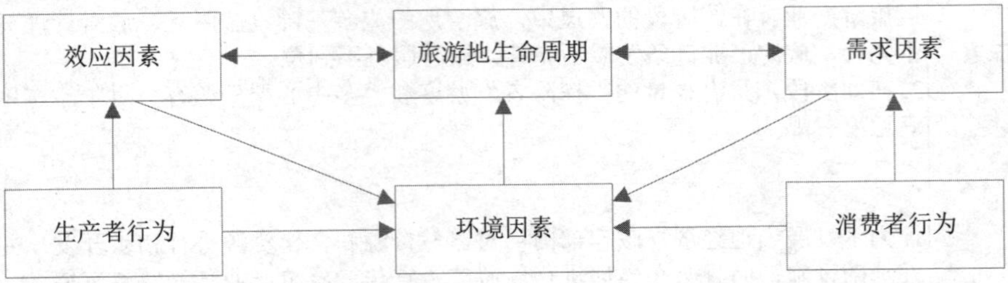

图 6-2 旅游地生命周期与各相关因素的作用关系

经过旅游地生命周期模型的分析，各个阶段的主要特点对我们分析出推动旅游地演化发展的主要动力和影响旅游地生命周期变化特点的主要因素有重要的指导意义，这对旅游地的规划和管理有重要作用。结合上一部分的分析以及旅游地生命周期的主要影响因素，可以得出影响旅游地演化发展的经济和社会力量（图 6-3）。

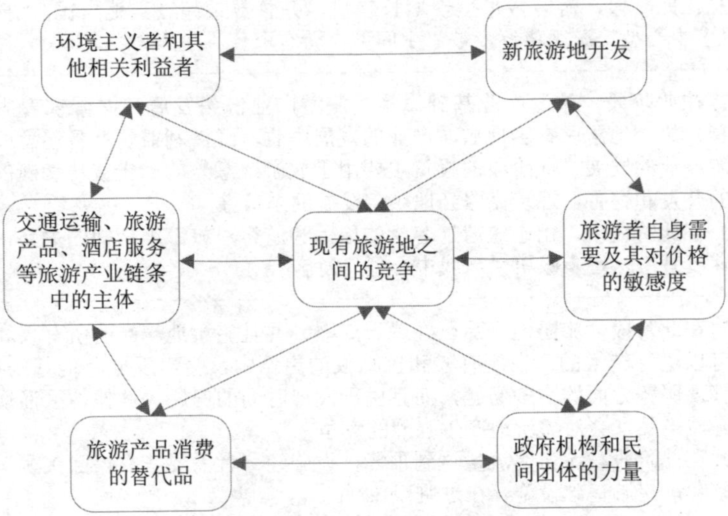

图 6-3 旅游地生命周期中的影响因素

开封市建设国际文化旅游名城是对传统旅游城市的转型升级。在这个转型升级过程中，必须明确文化作为旅游的灵魂、服务作为旅游的核心理念，以游客为根本，培育符合开封国际文化旅游名城的现代服务业，提升开封市作为国际文化旅游名城的城市核心竞争力。

6.2　基于旅游地生命周期动态演变的投资者视角的金融支持

产业发展有自身的特征，其根本目标是盈利，同时作为社会主体必须兼顾社会效应和生态效应；旅游产业发展是一个连续的活动，在这个活动过程中，要将旅游产品的旅游服务经过创新化、商品化和产业化引入旅游系统中。前文经过对旅游地生命周期各阶段特征以及旅游地生命周期影响因素的分析，得出了旅游地生命周期演化过程中的影响因素是可以通过金融生态系统的运行进行消化吸收并回馈到旅游产业发展中来的。所以，投资者是旅游地产业发展演化的主体，最终目的是获取收益。金融生态系统将投资者纳入金融主体范围，在金融生态系统中回馈投资者收益。这样，旅游产业发展才能进入良性循环。

6.2.1　旅游地生命周期五个阶段

从投资者的视角看，旅游地生命周期可以划分为探索期、起步期、发展期、停滞期、可选择期五个阶段，如图 6-4 所示。

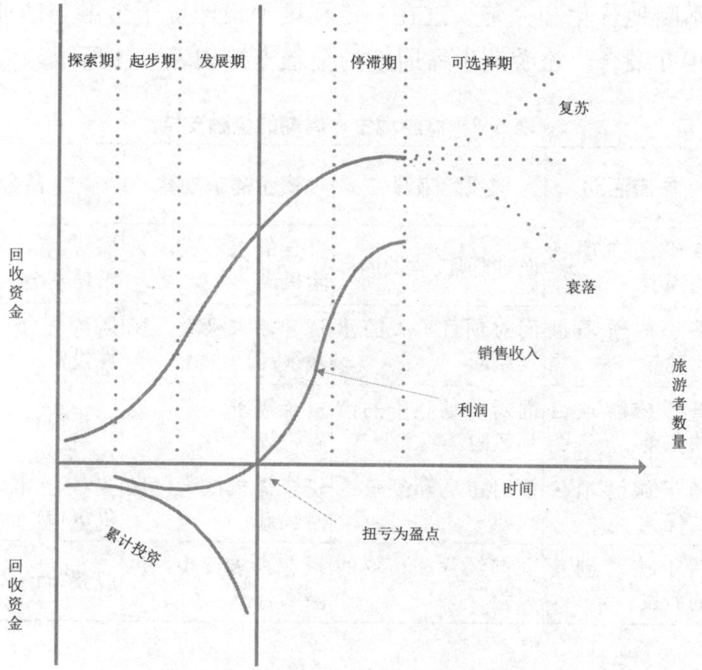

图 6-4　旅游地生命周期动态演变

6.2.2 旅游地生命周期的金融支持

通过前文关于旅游地生命周期模型的分析以及基于此的金融支持旅游发展的互动机制分析，我们得知在旅游地生命周期模型的不同阶段需要不同的金融资本量和金融服务，而在金融生态系统中的金融主体恰恰就能提供旅游地生命周期模型中各个阶段所需的金融支持。只有旅游地生命周期模型中的各个阶段都能顺利进行，旅游地产业才能够欣欣向荣，朝着良性动态的方向发展。在旅游地生命周期模型的各个阶段中，旅游产业的发展和金融支持来源之间是存在规律的，而且是一个动态交互过程。开封市国际文化旅游名城的建设过程中涉及多个旅游产品的开发和旅游项目的完善，投资者的逐利性会使资本进入收益较高的旅游产品和旅游项目中，因此社会总体经济会获得高效率。这也是金融生态系统介入旅游地发展周期的主要目的。简而言之，就是用金融生态系统的自身演化功能优化旅游地产业发展方向，筛选旅游项目和旅游产品，从而促进旅游地产业的广泛发展。

结合旅游地生命周期理论模型各个阶段的基本特征和金融生态系统在各个阶段中应该发力的主体，金融支持会以不同的形式和不同的主体行为在系统内部运行。同时，在旅游地生命周期动态演变的过程中，金融生态系统的功能也在不断地优化和完善。这在一定程度上也印证了金融与产业发展的相互促进和相互融合。旅游地生命周期的金融支持如表 6-2 所示。

表 6-2 旅游地生命周期的金融支持

阶 段	主流活动	风险来源	资金需求规律	资金来源
探索期	基于潜在项目的探索	面对不确定性的风险	资金需求不大，风险极高	探索者、基金资助、天使基金
起步期	基于旅游项目的建设	面对项目扩大的建设风险	资金需求极大，风险很高	风险投资、政策支持性投资
发展期	基于旅游项目的完善	面对市场竞争的市场风险	资金需求大多，风险中等	投资银行、政府支持
停滞期	基于旅游项目的优化	面对市场和经营的风险	资金需求很大，风险较低	主板上市，为投资提供退市
可选择期	基于旅游创新的研发	面向经营和市场的风险	资金需求较小，风险回升	股票市场

第一阶段：探索期。探索期是整个旅游项目的萌芽开发阶段。在该阶

段，只是关于项目的初步设想。所以，探索期的旅游项目在很多方面还存在多种问题，需要不断加以完善。该阶段的项目距离项目的实施和成功所需要的时间往往很长，而且失败率很高。

第二阶段：起步期。在该阶段，旅游项目要以旅游产品的形式进行市场定位、广告宣传，并建立经营主体和制定管理模式。因此，在该阶段，项目发展的市场风险是最大的，管理和服务过程中都存在巨大风险。该阶段需要的资金支持也相对较大。

第三阶段：发展期。在该阶段，经营主体相对完善，对于旅游项目的开发有着详细的发展规划；旅游项目周边的配套设施和基础服务也进一步加强；需要通过多种媒体进行宣传以提高旅游地的知名度。所以，该阶段需要的资金支持非常大。

第四阶段：停滞期。在该阶段，经营主体已经为旅游地打开了市场，旅游产品在市场上有很大的知名度，并且经营主体开始盈利。所以，在该阶段，经营主体已经成熟，而且基础设施配套比较完善，经营主体盈利状况良好，与金融机构的关系良好，获得资金支持的可行性更高、范围更广。

第五阶段：可选择期。在该阶段，旅游项目的竞争越来越激烈，周边旅游项目和旅游产品的同质化问题突出。所以，金融机构对该阶段金融项目的支持都会采取谨慎态度。不过，该阶段的旅游项目往往有着完善的营销渠道和品牌优势，可以采取多种形式进行旅游产品的更新换代和旅游项目的深入开发，进而进入下一个旅游产品生命周期。

6.3　基于国际文化旅游名城建设和全域旅游的政府视角的金融支持

全域旅游是旅游产业的全景化、全覆盖，是资源优化、空间有序、产品丰富、产业发达的科学的系统旅游。全域旅游要求全社会参与，全民参与旅游业，通过消除城乡二元结构，实现城乡一体化，全面推动产业建设和经济提升。目前，国际旅游城市尚没有一个系统、完整、统一的标准体系，大都是参照国际旅游城市通用的做法，自行设计参照性内容和标准体系。建设国际文化旅游名城，全域旅游的概念和内涵也可容纳其中。

6.3.1　全域旅游的内涵

发展全域旅游的核心是要从原来孤立的点向全社会、多领域、综合性的方向迈进，让旅游的理念融入经济社会发展全局。目前，全域旅游已成为各地发展经济的重要抓手。

除了发展模式的转变外，全域旅游时代也带来了管理体制的革新。比如，“1+3+X”的综合管理模式的提出。

“1”是指旅游局“升格”为旅游发展委员会（以下简称“旅发委”）。从2009年海南省旅游局更名为海南省旅发委到2017年3月内蒙古自治区旅游局更名为内蒙古自治区旅发委，全国已有21个省（区、市）成立了旅游发展委员会。“3”是指“旅游警察、旅游巡回法庭、工商局旅游分局”。国家旅游局与各地工商、交通、公安等部门联合执法，共同维护旅游市场秩序和旅游治安环境。截至2016年底，全国已设立旅游警察机构87家、旅游工商分局机构43家、旅游巡回法庭机构118家。

“局”改“委”不是简单的“改名字”，而是从源头上“改观念”，将旅游部门由政府直属机构调整为政府组成部门。

此外，国家旅游局还打出组合拳，联合交通运输部、国家铁路局等多个部门，发布了《关于促进交通运输与旅游融合发展的若干意见》《关于大力发展体育旅游的指导意见》等多个文件，对国家A级旅游景区实行“有进有出”的动态管理，有效促进了景区改进服务、提升品质。多措并举、全面发力，全域旅游在全国范围内掀起了一场从“点上发力”到“遍地开花”的革命。

6.3.2 结合全域旅游概念的国内国际文化旅游名城指标体系实证

2012年，围绕成都市委“五大兴市战略”的要求，都江堰市提出了建设“国际旅游城市”的全新思路和目标。由于建设“国际旅游城市”最大的难题在于无据可依，至今仍没有专门的组织或机构对“国际旅游城市”进行认证，国内也没有相应的标准作为借鉴。为此，都江堰市邀请多批专家分别对国内知名景区张家界、九寨沟、峨眉山、黄山等以及瑞士、新西兰、法国等国的著名旅游城市进行“国际旅游城市”的基本脉络梳理。在充分吸纳多方意见的基础上，初步制定了《国际旅游城市标准》。该标准对国际旅游城市提出了入境游人数占总接待人数的50%以上、旅游业外汇收入超过10亿美元等硬性指标。都江堰市希望《国际旅游城市标准》能够在本市试行和完善，并上升为省级甚至国家级标准。尽管如此，目前能够收集并用于学术研究的却只有承德市和洛阳市的国际文化旅游名城指标体系。

承德市组织了建设国际旅游城市标准体系研究课题组，制定了《承德市建设国际旅游城市基本标准体系》。该标准体系从宏观和微观两个层面初步设计规划了到 2020 年该市要达到的国际旅游城市基本标准体系（计 10 类 52 项内容）。这 10 类指标要素主要包括城市旅游经济发展水平指标、旅游人数指标、旅游资源国际竞争力指标（核心指标）、城市生态自然环境指标、交通及城市基础设施指标、人文环境和国际形象指标、旅游管理和营销指标、城市旅游信息系统性和便利性指标、旅游接待保障完善度指标、城市旅游安全性指标。但承德市的指标体系在可持续发展能力、高科技实力、旅游技术人才、高科技实力、城市文化遵循国际惯例便利游客和优越的区位条件等指标方面有所缺失，因此其指标体系还存在需要完善的地方。

为实现打造国际文化旅游名城的战略目标，传承河洛文化，充分发挥洛阳市得天独厚的历史文化资源优势，洛阳市聘请了中国著名城市发展战略策划机构——王志纲工作室赴洛阳市会诊把脉，最终制定出了 3.8 万余字的《洛阳国际文化旅游名城战略策划方案》。该方案明确了洛阳文化旅游名城战略的四大指导思想：转型升级，休闲为王；主次分明，众星拱月；中心开花，重点突破；关注高端，接轨国际。同时，进一步提出洛阳市要打造国际文化旅游名城必须从四个方面进行突破：①国际洛阳战略。如今的洛阳市要重新走向世界，打造国际化的文化旅游产业成为必由之路。应以国际化的服务标准整合国际级的旅游要素，构建国际性的旅游产品，以国际游客为重要目标市场，展现个性鲜明、特色突出的城市魅力，最终使洛阳市成为在世界上享有盛名的国际化休闲旅游目的地。②文化洛阳战略。洛阳文化旅游犹如满汉全席，该有的文化要素都会有，但文化本身不等于旅游产品，不同的文化资源有不同的旅游化运用方式。应当以洛河为核心，将洛阳市深厚的文化底蕴通过体验旅游的方式呈现给游客，使城市软硬环境呈现一种古雅的文化风貌，使洛阳市成为华夏文明溯源之地和休闲体验高地。③旅游洛阳战略。即在充分发挥主城文化资源高度聚集的优势之外，通过充分挖掘伏牛山和黄河旅游资源，形成以文化为中心、山水休闲度假游和黄河风情游为侧翼的旅游新格局，拉长产业链条，延长游客逗留时间，增加综合经济效益。④名城洛阳战略。打造国际文化旅游名城除了练好国际化旅游产业内功之外，还必须做好国际性的传播工作。国际营销是名城洛阳战略的关键之一，洛阳市要梳理自己具有全国性和世界性影响的资源，形成具有重大影响力的话题，通过举办具有国际影响力的大型节庆、论坛、会议等活动，不断吸引全球目光，形成好戏连台、热点不断的局面，让世界关注洛阳市，从而推动洛阳市走向世界。

洛阳市的“国际文化旅游名城”更像是一个“路线图”，在操作性方面远远优于承德市。此外，《洛阳国际文化旅游名城战略策划方案》最大的特点如下：①突出了洛阳市世界级旅游吸引物和旅游产品的开发；②适应时下“注意力经济”的时代背景，强调如何造势，寻求卖点，如何炒作，以便快速提高洛阳市的知名度，使其尽快成为“名城”，然后通过后续营销和高端游客提出高度需求形成的“倒逼机制”加速其“国际化”进程。

6.3.3 国际文化旅游名城指标体系的构建

在国际文化旅游名城建设过程中，要考虑很多因素。其中之一就是国际旅游名城评价指标体系的构建（图 6–5、表 6–3）。

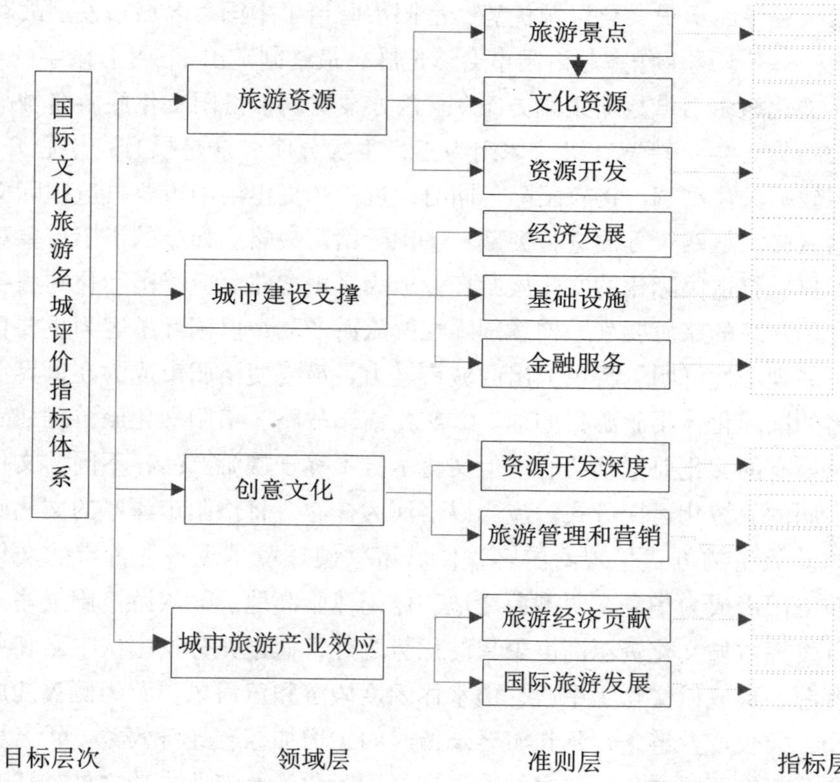

图 6–5 国际旅游名城评价指标体系的构建

表 6-3　国际文化旅游名城评价指标体系

一级指标	二级指标 a	二级指标 b	二级指标 c	二级指标 d	二级指标 e	二级指标 f	二级指标 g	二级指标 h
1. 城市旅游经济发展水平	旅游产业发展有明确的基本定位	全市人均 GDP 和第三产业增加值在国民经济中所占比重	全市旅游业总收入与全市生产总值比重	全市入境旅游总收入发展态势	全市旅游从业人员比重			
2. 旅游人数	接待国际游客人数与城市总人口比重	接待国内游客人数	外籍人口入住率					
3. 旅游资源国际竞争力	有世界级旅游吸引物	全市旅游资源普查与开发成效	有国际知名度的高等级旅游景区品牌	旅游景区景点质量管理水平				
4. 城市生态自然环境	城市规划区绿化覆盖率;人均占有公共绿地面积	人均占有水资排名;城市饮用水质达标率	城市生活垃圾无害化处理率	城市生活污水集中处理率	城市噪声污染控制	城市容貌卫生环境状况		
5. 交通及城市基础设施	高效便利的航运通道	高速公路网	高速铁路客运站	方便的市内交通和旅游专线	交通文明规范服务			
6. 人文环境和国际形象	城市交通、景区标识国际化	市民与国际人士的语言交流能力	市民文明素质与居民好客度	城市节庆活动品牌;大型实景文艺演出项目	城市国际影响力:国际性商贸、文体交流活动;国际友好城市数量	城市文化旅游基础设施		
7. 旅游管理和营销	成立全市旅游产业发展综合协调机构	政府旅游业投入和专项政策支持经常化	高水平的旅游从业人员人才队伍	城市旅游厕所星级化	旅游市场秩序良好	旅游宣传促销制度化		

续 表

一级指标	二级指标a	二级指标b	二级指标c	二级指标d	二级指标e	二级指标f	二级指标g	二级指标h
8. 城市旅游信息系统性和便利性	若干旅游咨询服务中心	国际化信息化旅游服务网络	国际化城市标识公共服务体系	现代商务服务网络:国际贸易中心等配套设施	国际旅游金融支付的便利率	通关流程服务的便利化	国际电讯通道的便利化	城市会展业国际化功能
9. 旅游接待保障完善度	旅游线路	高质量的旅行社体系	城市旅游住宿设施	城市旅游餐饮设施				
10. 城市旅游安全性	社会治安秩序	政府公共服务能力	旅游安全	旅游紧急救援机制				

6.4 支持旅游产业发展的金融生态系统模型的构建

6.4.1 基于国际文化旅游名城建设利益相关者的金融生态链

根据开封市国际旅游文化名城建设模式，将金融主体融入金融生态链，使之发生动态联系（图 6–6）。

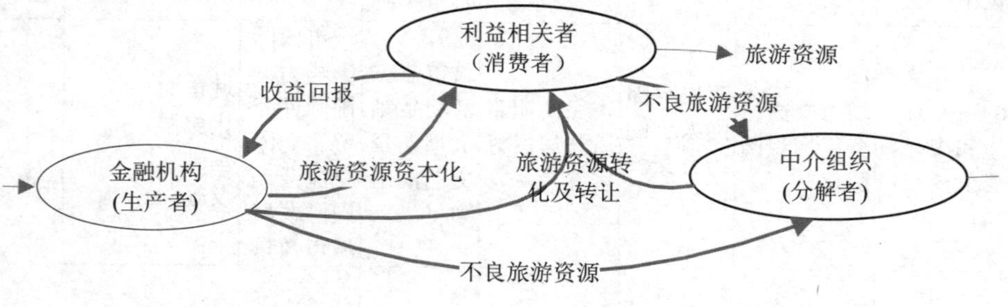

图 6–6 基于国际文化旅游名城建设利益相关者的金融生态链

在图 6–6 的金融生态链中，信用的不断流动带动了资金周而复始的变化，从而推动着经济的不断发展。在基于国际文化旅游名城建设利益相关者的金融生态链中，旅游资源成为流动的能量，推动金融生态链的流动。在这个过程中，利益相关者（消费者）是旅游资源的拥有者，拥有主动盘活旅游资源的意愿。金融机构（生产者）通过自身功能实现旅游资源资本化，完成旅游资源到资金的转化。中介组织（分解者）实现旅游资源的转化和转让，让旅游资源在整个链条里动起来。

在基于国际文化旅游名城建设利益相关者的金融生态链中，具体可以有三条实现路径。一是利益相关者（消费者）与金融机构（生产者）之间以旅游资源资本化为纽带联结起来的生态链，其健全程度关键取决于旅游资源的经济市场化程度和金融市场对旅游资源的认知及评估；二是利益相关者（消费者）与金融机构（生产者）之间以旅游资源转化及转让为纽带联结起来的生态链，其健全程度取决于旅游资源评估价值、产权制度及潜在股东群体；三是利益相关者（消费者）、中介组织（分解者）以旅游资源转化及转让为纽带联结起来的生态链，其健全程度取决于中介组织的公信力。

6.4.2　构建适合国际文化旅游名城的金融生态系统模型

金融生态链的构建是旅游资源资本化进程在旅游生态系统中的具体体现。在国际文化旅游名城的建设过程中，不仅面临着旅游资源资本化的过程，还面临着更多的金融问题。因此，要基于旅游地生命周期模型和国际文化旅游名城衡量指标，构建适合国际文化旅游名城的金融生态系统模型（图 6-7）。

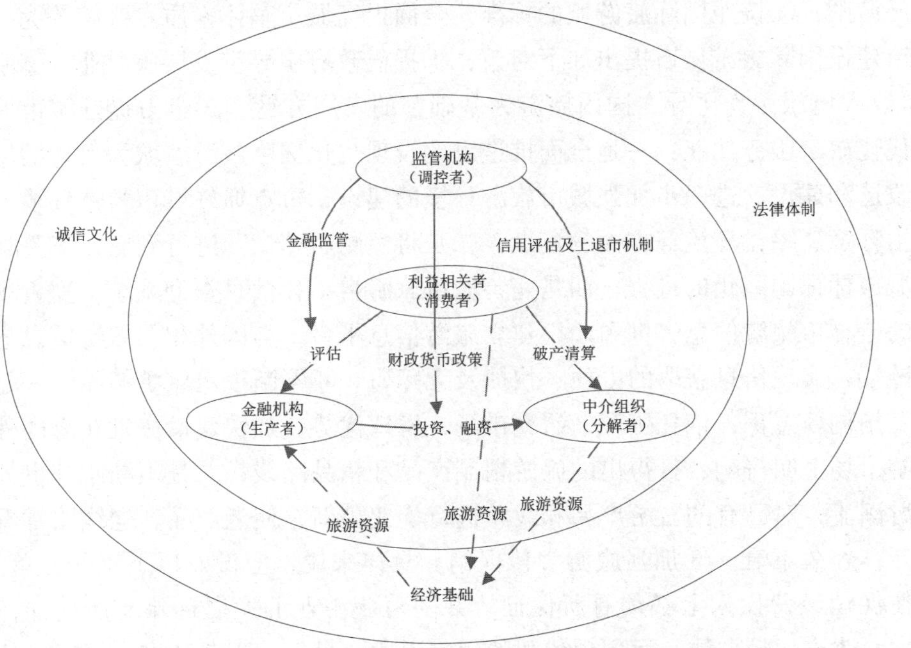

图 6-7　适合旅游产业发展的金融生态系统模型

在图 6–7 这个模型中，经济基础决定了旅游资源的供给量，法律体制和诚信文化决定了旅游资源资本化的程度和方式。生产者、消费者、分解者扮演着不同的金融主体角色，调控者对其余三者进行监督、调控，在旅游资源资本化的金融生态链中发挥着重要作用。生产者提供旅游资源；消费者消化旅游资源，实现旅游资源的资本化过程；分解者包装旅游资源，使旅游资源资本化的程度更高，更便于交易流通；调控者为旅游资源资本化进程中的各个主体提供进入退出机制、财税货币政策、破产清算、金融监管等功能，保证旅游资源资本化的顺利进行，进而使整个生态系统保持动态良性运转，在促进旅游产业发展的同时，推动金融产业的发展。

6.5 开封市建设“国际文化旅游名城”的实施路径

在明确了国际文化旅游名城的概念、基本要素和评价指标体系后，关键的问题是怎样建设国际文化旅游名城，其实质就是实现路径的问题。

对于这一课题，于英士在 20 世纪 90 年代为北京创建国际旅游城市提出如下几点建议：①更新观念；②深化改革；③发挥中心资源作用，建设大旅游圈；④按照国际旅游城的标准，全面提高城市整体素质。张婷等为桂林市建设国际旅游城市提出如下对策：①提倡政府主导型发展旅游业。②坚持“以入境旅游为主导、国内旅游为基础”的发展方针。③全力提升城市的现代化旅游服务功能：一是全面推进以建设现代化国际旅游名城为目标的城市改造和建设，进一步加强城市旅游环境的建设，重点抓好城市整体环境、卫生环境、绿化环境等方面的建设；二是将“厕所革命”进行到底；三是加快城市标识国际化的进程；四是完善城市旅游自动化信息查询系统，完善现有的桂林市旅游信息咨询中心，建立旅游信息平台，与国外相关旅游信息进行链接，实现信息获取的方便、快捷及无障碍。④不断推出旅游精品：一是要发扬创新意识，依托资源，研究市场，发挥优势，加快建设一批在海内外旅游市场上叫得响、打得出的旅游精品产品和精品路线；二是不断跟踪世界旅游潮流，对已有的旅游产品和线路进行优化更新，使老产品、老线路常看常新，经久不衰。⑤加强旅游宣传促销。具体来说，应做好以下工作：首先，在促销经费投入上必须有所保证，并随着旅游业的发展逐年有所增加；其次，改进促销办法，运用现代化的促销手段；最后，规范和加大网络宣传促销力度。⑥提高旅游经济的整体素质。⑦提高旅游行业管理水平。对旅游行业实施标准化管理，加快其与国际接轨的速度，提高其服务水平，必须先培养一支高素质的旅游人才队伍。⑧建立健全旅游市场。首先，要建立健全旅游市场检查执法体系，并出台相应的管理规定和政策措施；其次，要加强旅游业环境的管理，提高旅游业服务水平；最后，德法结合，大力开展旅游行业的诚信教育，全面提倡和鼓励诚信经营。⑨开创绿色旅游。环境质量是国际旅游者选择旅游目的地的最重要的因素。旨在改善环境、善待环境的“绿色经营”和“绿色消费”必将成为旅游业发展中的重要内容。

此外，还有相当一部分学者认为应当做好以下几方面工作：制定建设国际旅游城市的发展规划，以开拓国际旅游市场为重点，大力加强宣传促销，塑造独特的国际旅游城市形象；以国际化为标准，高起点完善城市基础设施；大力发展国际会展和体育赛事；努力营造开放、友好的社会环境，提升城市的旅游文化品位。值得注意的是，受国际旅游城市研究早期概念泛化的影响，上述观点都有各自的道理，不过有的偏重宏观，有的则关注具体操作，有的针对特定城市，有的则是泛泛而论。目前，尚未形成普遍的共识。建设国际文化旅游名城是一项长期且庞大的系统工程，在实践中需要做好以下几个方面。

6.5.1 政府主导，全力谋划

旅游业和城市的发展从来都不是自发式的，正如我国旅游业所走的超常规发展路径是政府主导的结果并被证明是成功的一样，国际文化旅游名城作为城市生长的一种形态、一个阶段，同样离不开政府主导。国际文化旅游名城是把旅游产业作为城市的主体功能，把世界范围的游客作为自己的服务对象；其应当借助中心城市的区域带动作用，形成旅游主导产业和特色显著的城市品牌，成为在世界或洲际区域内有较高知名度和吸引力的重要旅游目的地；其基本内涵应是城市在现代化、国际化进程中以具有世界吸引力的旅游吸引物为资源，以吸引海内外旅游者观光旅游、休闲度假等为主要目的；其突出的特点是发达的旅游业、丰富的资源和身后的文化底蕴、完善的服务设施和优美的环境，以此为基础和支撑构成超强的影响力和市场竞争力，形成鲜明、独特的区域形象。这些都需要政府作为行业的指导，进行谋划和筹划，制定规划，利用项目打造国际性的文化旅游城市。

6.5.2 准确定位，突出主题

主题化发展是 21 世纪城市发展的大趋势。主题化的实质是做好定性分析，立足比较优势，着眼宏观，准确定位。历史是城市的记忆，文化是城市的灵魂，要在城市建设中更多地融入历史文化元素，彰显城市个性，提升城市品位，增强城市的魅力和吸引力。开封市应该把宋文化做出特色，将开封宋文化打造成为与西安汉唐文化、北京明清文化一样的知名文化品牌。具体来说，可依托开封市丰厚的文物遗存，按照“开发、保护、研究、包装、展示”的思路，打造有震撼力的特色宋文化产品，积极创建一批地域特色鲜明、群众参与性强、娱乐性强的特色文艺节目。2011 年，开封市举办的“宋词乐舞文化周”活动只是一个开始，开封市应该更好地开发宋词的文化旅游价值，让宋词在园林中复活、在吟诵中传承、在旅游中被欣赏；应当尽快加快以宋词为主题的文化长廊、文化公园项目的筹划建设进度，“活化”宋文化的文学魅力，展示开封宋文化魅力。

要用创新思维引领旅游业的发展，围绕把文化激活，坚持以市场文化和消费者需要为导向进行主题旅游开发。要进行一系列时尚化、体验化、轻松化、娱乐化、主题化和鲜活化等方面的探索，把文化变得轻快、明快和愉快，使之符合当今时代主流的消费需求。一部电视剧《似水年华》让许多人对乌镇心驰神往，一部贺岁片《非诚勿扰》使杭州的西溪湿地人气飙升，一部“微电影”《“樱”为爱情》使杭州的旅游火上加“火”……在眼球经济时代，旅游景区只有把握机会，才能留住游客。因此，要加强对旅游资源的文学艺术化包装，让蕴含在旅游资源中的文化功能充分释放出来、文化内涵充分展示出来。

6.5.3　科学规划，分步实施

国际文化旅游名城的建设不是一蹴而就的，需要科学规划，分步实施。国际文化旅游名城的建设是一个动态的过程，只有起点，没有终点；只有更好，没有最好。在打造“国际文化旅游名城”的过程中，用大项目、大企业、大产业支撑开封市发展目前已经成为开封市各级干部的共识。近年来，通过精心谋划，持续加大招商引资力度，开封市签约和落地实施的重大文化旅游项目不断增多。以开封清明上河城文化产业项目、开封东京梦华苑项目、朱仙镇国家文化生态旅游示范区等重大项目为代表的一批重要的项目是突破全局的关键。项目重在规划，更重要的是突出特色。一要提升建成的项目的价值。比如，书店街整修完成后，要充分展现其文化氛围，提升其在旅游中的价值。二要推进在建的项目。开封市水系工程、城墙的修复工程、古城的建设应更多地考虑其保护、开发、利用的文化旅游价值。三要通过项目的建设，形成宋都古城文化旅游产业，将未来的开封市打造成一座“不收门票”的宋文化主题城市公园。

6.5.4　量化指标，重在操作

旅游标准化是旅游业发展的重要技术支撑，是提高旅游产品和服务质量，规范旅游古城秩序，强化行业监督管理，推动旅游产业转型升级，提升旅游产业总体素质和国际竞争力的重要手段，也是旅游业落实科学发展观，实现又好又快发展的必然要求。在建设国际文化旅游名城的实践中，标准化建设无疑是目前极为重要的抓手和载体，如开封市进行了省级旅游标准化示范城市创建。

从创建旅游标准化城市入手，全面提升城市管理水平。启动“智慧城市”建设，打造“智慧旅游”。当前，面对越来越大的体量和越来越多的旅游产品、越来越高的需求水准和越来越激烈的市场竞争，要想把旅游产业做强，使旅游产业快速健康发展，就必须依靠现代科技的力量。要采用一种低成本、高效率的联合服务模式，用网络把涉及旅游的各个要素联系起来，从而为游客提供智慧化的旅游服务，为管理部门提供智能化的管理手段，为旅游企业提供更高效的营销平台和广阔的客源市场。以为游客提供更便捷、智能化的旅游体验，为政府管理提供更高效、智能化的信息平台，将文化旅游资源活化为文化旅游产品这三大核心目标为重点，采用“政府主导、多方参与、市场化运作”的运作模式，联合社会各方优势资源共同推进“智慧旅游”建设。要加大信息技术在文化旅游业中应用的深度和广度，运用现代高新技术推进旅游文艺演出形式创新，提升旅游演艺节目创意。通过现代科技创新旅游讲解、旅游展览等形式，形成智慧旅游城市、智慧旅游景区、智慧旅游企业。在市场监管方面，可以建立旅游数字化管理系统、旅游应急救援机制。在旅游集中的区域可以设立旅游观光台，公布旅游资讯、服务投诉办法，及时回复游客在网络上的投诉和处理结果等。在信息咨询方面，可以不断健全旅游信息数据库，实现旅游资讯网的全覆盖，试点建设社区旅游咨询点，建设或升级景区智能化停车场。在自驾游的智慧服务方面，可以实现城区到景区、景区到景区、星级酒店到星级旅游服务点的旅游标识系统化，并规划建设好自驾游基地。在城市旅游的宣传推广方面，将更多地运用微电影、微博、博客等网络新媒介。

目前，在“国际文化旅游名城”内涵方面还没有统一的标准，在国际文化旅游名城建设上更没有现成的路径可以照搬。祁金立提出国际文化旅游名城应当至少具备以下四大要素：要有悠久的历史传承和文化底蕴；要有高度国际化的旅游吸引物；要有国际化的高端休闲平台；要有全球影响力的节庆活动。本课题提出了开封市建设国际文化旅游名城应把握好以下几点：政府主导，全力谋划；准确定位，突出主题；科学规划，分步实施；量化指标，重在操作。在现实实践中，应该认真实施好国际开封战略、文化开封战略、旅游开封战略和名城开封战略，以城市品牌形象的整体打造为切入点，做精做强文化旅游产业。国际文化旅游名城的研究是一个新的课题，具有十分重要的实践意义，也将是一个漫长的过程，需要理论研究和实践密切结合，实现良性互动。只有深入地研究国际文化旅游名城的丰富内涵、指标体系、实施路径等，才能把开封市建设成国内外特色旅游目的地城市、宋文化旅游中心城市，兼具园林风光、休闲形态和时尚元素的国际文化旅游名城。

第 7 章　金融生态的效用评价

7.1　金融生态效用评价的理论框架

7.1.1　金融生态系统评价体系构建原则

金融生态系统评价指标体系是人们认识和科学测评金融生态效用、系统分析影响因素的重要工具，也是对金融主体科学定位自身功能，进而采取有效的金融及旅游产业发展等策略的重要依据。因此，建立一整套科学、完备的指标体系用以全面评估金融生态系统的效用，用以优化金融生态环境，完善金融生态主体职能至关重要。

金融生态系统是一个动态的系统，涉及因素众多，结构复杂，只有以企业旅游产业发展这一活动过程为依托，从多个角度和层面设计指标体系，才能准确地反映真实的金融生态环境。因此，为保证评价结果的全面、准确、客观，金融生态系统评价指标体系的设计应遵循以下原则。

7.1.1.1. 科学性原则

指标体系的设置是否科学合理直接关系到评价的质量。为使指标体系反映出金融生态系统与企业旅游产业发展活动的运作机理和内涵，在设计指标体系时，应以现代统计分析理论为基础，全面、合理地反映金融生态效用的状况，得出科学合理、真实客观的评价结果，真正对金融生态效用的优劣作出科学的评价，从而确定优化的方向。

7.1.1.2. 系统性原则

金融生态系统是由若干个相互依存的要素构成的具有特定功能的复杂系统。企业旅游产业发展活动涉及企业的研发、管理、转换以及营销的投入和产出等方方面面。因此，在建立评价指标体系时，应该从时间和空间上考虑所有的可能信息。为了深入、全面地反映金融生态系统的内在本质，反映其结构系统，应从多方位、多角度系统地反映金融生态效用。指标设置时要从总目标层出发，进行要素分解，逐层建立完整的评价指标体系。

7.1.1.3. 可比性原则

一套指标体系是对不同现实状态下金融生态效用的综合评估。因此，在设计指标时必须充分考虑金融生态系统的各个方面。在具体指标选择上，必须是经济活动中共有的指标。对评估标准的统计途径和范围要尽可能标准化，确保各项指标具有可比性。

7.1.1.4. 定量与定性相结合的原则

金融生态系统是一个复杂的综合整体。考虑到评价指标本身存在着模糊性的特点，在评价体系中要尽可能地采用已获得的真实可靠的统计数据进行定量分析。在遇到难以定量化的指标时，则需要适当地加以定性化分析。因此，在对金融生态效用进行评价时，要综合运用定量与定性这两类指标，以使评价分析更加全面、评价结果更加准确。

7.1.1.5. 有效性原则

这是对指标体系的综合要求，即金融生态效用评价指标能否合理、有效地反映出金融生态环境的优劣、金融生态功能的完备与否、企业旅游产业发展活动顺利与否。具体来讲，就是评价指标体系究竟能够在多大程度上真正反映出预先设定的目标，即评价的有效程度。如果评价结果与系统实际运行情况之间的吻合程度较高，真实地反映出了现状，表明指标体系设计的比较合理，体现了较大的有效性；反之，指标体系则是无效的。

7.1.2 金融生态效用评价的内容

关于经济增长和金融发展之间相互促进与协调的关系是经济学家经过大量的理论和实证分析得出的一致结论。但是，作为虚拟经济，金融在本质上要以实体经济为基础和依托，金融资本若游离于产业资本的循环之外必然会形成泡沫经济。[①] 与此同时，技术创新已经成为可以替代劳动和资本的最重

① 谢太峰．我国金融生态的问题与对策 [J]．河南金融管理干部学院学报，2006（3）：40–44．

要的经济增长要素和引擎。随着社会经济的发展，技术与金融、技术创新与金融发展的结合日益紧密，它们相互依存、相互促进、共同发展。实现技术创新这一“第一生产力”与资本这一经济发展的“第一推动力”的有效对接，不仅是促进技术创新的重要条件，还是金融生态系统高效和谐运作的内在要求。在金融生态链中，金融资源以信息、资金、信用的方式从金融生态环境中传递给金融生态主体，进而金融生态主体通过主要的经济活动——旅游产业发展，将这些金融资源回馈给金融生态环境。金融、旅游、经济三者的关系如图 7–1 所示。

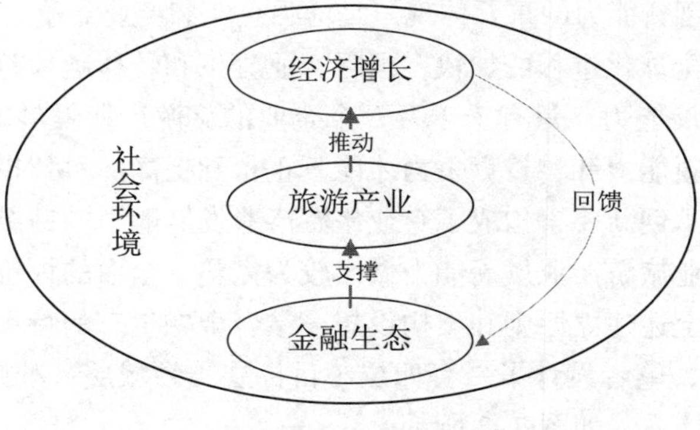

图 7–1　金融、旅游、经济三者关系

一个完整的金融生态系统不仅包括金融生态环境，还包括具有生命特征的金融生态主体。金融生态系统的运作是通过金融生态链完成的，关于金融生态系统的评价也应该遵循经济可持续增长的循环链路，考虑经济基础等金融生态环境因素、旅游产业发展能力等现实因素及金融体系本身的发展因素，从而实现对金融生态系统的系统性评价。

7.1.3　金融生态效用评价的层次构架

金融生态环境是金融生态主体得以健康、有效运行的外部基础和条件。从理论上讲，如果金融生态主体的运行状况是结果，则金融生态环境是产生这一结果的原因。由于金融处于现代经济的核心地位，金融生态环境的构成要素几乎涉及经济、社会、文化、制度、法律等所有方面，因此对其作出全面、客观的科学评估实非易事。鉴于此，对金融生态环境的评价主要从偿还能力和偿还意愿两个方面着手来设计评价指标和确立评价维度。偿还能力主要与一个地区的经济和金融的整体发展水平——经济基础直接相关；偿还意愿与社会信用体系健全、法律制度的完善和公正、政府公共部门的效率和透明度以及居民与社会的诚信水平和教育程度密切相关。李扬[①]的研究也表明，法制环境、经济基础、金融发展、金融独立性、诚信文化五项因素的贡献弹性总和达到75%。经过合并与归纳，我们对金融生态环境是从经济基础、法律体制、诚信文化三个方面进行综合评估的。

金融生态功能的评价主要是根据各类金融机构的资产质量和资产结构的分布状况与变化趋势、金融市场和金融中介的发展情况、金融体制健全程度、金融创新的活跃程度，着眼各类金融主体的生态功能，对其信贷资产、非信贷资产、表外资产和金融发展程度做出综合评估。旅游产业发展能力是一个国家科技创新能力的重要体现，是增强企业和产业竞争力的关键。

随着经济全球化进程的加快，国际产业分工和转移越来越依赖本国企业旅游产业的发展能力。只有千千万万个企业的旅游产业发展能力得到提升，国家的整体创新能力和科技竞争力才能真正得到提高。科技投入要素、科技产出要素和技术创新要素构成了企业旅游产业发展能力的钻石模型，通过该模型可以对企业旅游产业发展能力做出较为完整、全面的评价。按照效用评价指标体系的上述建立原则和架构设想，结合金融生态的特点和要求，考虑数据的可得性，笔者设计了一套四层（目标层、领域层、准则层、指标层）效用评价指标体系，如图7–2所示。

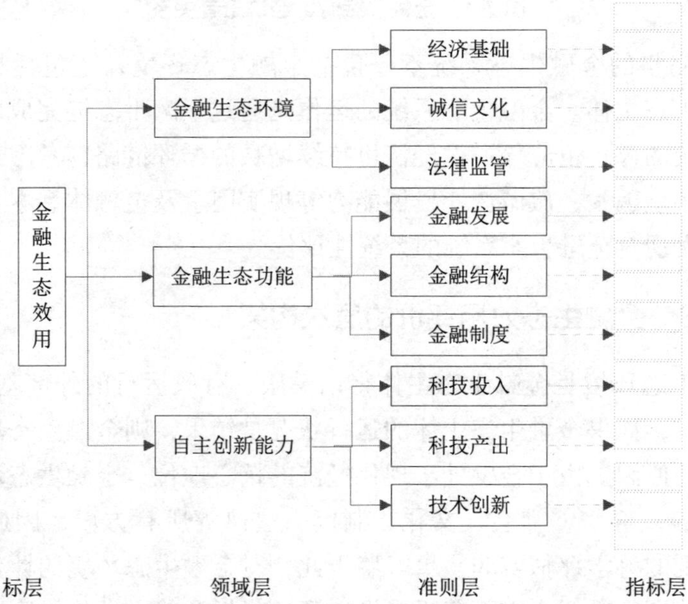

图7–2　金融生态系统评价指标体系

① 李扬，王国刚．中国城市生态环境评价[M]．北京：人民出版社，2005．

7.2　金融生态效用评价体系的建立

7.2.1　效用评价指标的定义与选取

金融生态效用评价指标体系主要分为金融生态环境、金融生态功能、旅游产业发展能力三个模块，以下是各模块量化层次的指标。

7.2.1.1. 金融生态环境模块

金融生态环境指金融结构和金融活动所面临的由政治、社会、文化、意识形态、体制条件、政策约束、微观基础、法律法规、传统习惯等多种因素构成的环境条件。营造良好的金融生态环境既有利于金融业的发展壮大，又有利于放大资金积聚的“洼地效应”，引导资源科学合理分配，推动地方经济的可持续发展。①

经济是金融发展的物质基础，经济基础决定着金融发展的方向、结构、规模、质量和效益。对金融生态环境子系统的评价是从经济基础、法律体制、诚信文化三个方面进行综合评估的，如表 7-1 所示。

表 7-1　金融生态模块指标体系

指标分类	具体指标	单　位	指标性质
经济基础	人均 GDP	元	正指标
	第三产业比重	%	正指标
	GDP 增长率	%	正指标
	外资占 GDP 比重	%	正指标
	私人部门经济比重	%	正指标
法律体制	产权维护败诉率	%	逆指标
	知识产权维护败诉率	%	逆指标
	法院未能强制执行率	%	逆指标

① 陈哲明，彭耀辉．区域金融生态环境评价指标体系及模型构建 [J]．决策与统计，2006（6）：62–64．

续 表

诚信文化	金融债权起诉率	%	逆指标
	受教育程度	%	正指标
	社保基金占 GDP 比重	%	正指标

（1）经济基础。实体经济是金融主体存在的依据、服务的对象和生存的空间。一般而言，发达的经济体都拥有比较发达的金融系统。国内外的经验事实表明，若金融生态系统的平衡能力与经济发展水平表现出明显的正向关系，则经济发展水平越高，金融生态的平衡能力越强。对于经济基础的评价主要考虑以下几个方面：经济发展水平、产业结构、经济活跃程度、经济开放程度。主要量化指标为人均 GDP、第三产业比重、GDP 增长率、外资占 GDP 比重、私人部门经济比重。

（2）法律体制。法律体制是保护金融主体权益和利益的主要依据，也是金融生态系统能够遵循一定的规则运行的保障。在考虑法律保障时，应从金融主体的财产保障、知识产权保障、司法执行保障三个方面进行。主要的量化指标为产权维护败诉率、知识产权维护败诉率、法院未能强制执行率。

（3）诚信文化。诚信可看作签约方对契约和承诺的遵守。由于在社会交往和经济交易过程中，失信行为具有外在性和传染性，因此需要建立一个全社会范围内的诚信体系。诚信文化方面应从企业诚信、社会诚信以及社会保障三个方面进行评估，量化指标为金融债权起诉率、受教育程度、社保基金占 GDP 比重。

7.2.1.2. 金融生态功能模块

金融生态功能模块主要从金融体系内部反映金融的现状。金融生态功能的评价主要着眼各类金融主体的生态功能，对其信贷资产、非信贷资产、表外资产的金融功能和金融发展程度做出综合评估，如表 7–2 所示。

表 7–2　金融生态功能模块指标体系

指标分类	具体指标	单　位	指标性质
金融发展	金融相关比率	%	正指标
	金融深度	%	正指标

续　表

金融结构	直接融资占比	%	正指标
	上市公司市值总比	%	正指标
	风险投资占比	%	正指标
金融制度	投资基金占比	%	正指标
	企业外源融资占比	%	正指标
金融创新	金融衍生工具占比	%	正指标
	股权激励占比	%	正指标

（1）金融发展。金融发展程度反映了一个国家的经济发展水平。因此，要从多方面促进经济快速发展和资源的市场化流通。主要考虑金融相关比率和金融深化程度两个量化指标。

（2）金融结构。金融结构的安排对技术创新的作用已经得到不同的理论论证，而且在技术创新发展的不同阶段，金融结构的不同安排都会对其产生深远影响。主要考虑直接融资占比、上市公司总市值占比、风险投资占比三个量化指标。

（3）金融制度。金融制度不是消极被动地反映经济关系，也不是仅从经济关系的外部对经济运行产生作用，而是作为经济发展的内在要素，对经济运行起着重要作用。在此，主要考察金融制度是否保障了各种高度依赖金融法规和社会信用环境的新型资本模式的有效运作。主要从投资基金占比、企业外源融资占比两个方面量化。

（4）金融创新。金融创新通过对金融业务要素的重新组合，在金融工具、金融业务、金融品种、金融组织、金融机构和金融制度等方面带来创造性的变革；通过深化分工、开拓市场、降低成本等手段，提高金融服务的效率，并且改变原有的金融结构，促使金融体制发生变化，最终推动金融与经济的发展。主要从金融衍生工具占比、股权激励占比两个方面量化。

3. 旅游产业发展能力模块

旅游产业投入要素、旅游产业产出要素和旅游产业效用要素是旅游产业发展能力的基本构成。表 7–3 可以对旅游产业发展能力作出较为完整、全面的评价。

表 7-3　旅游产业发展模块指标体系

指标分类	具体指标	单　位	指标性质
旅游产业投入	旅游从业人员数量占服务业总数的比例	%	正指标
	旅游产业投入与旅游产业销售收入比	%	正指标
旅游产业产出	申请专利数量	项	正指标
	发表期刊论文数量	篇	正指标
旅游产业效用	新产品销售收入与总销售收入比	%	正指标
	消化吸收经费与销售收入比	%	正指标

（1）旅游产业投入。旅游产业投入反映了企业内部在人力和财力方面对旅游产业创新的支持程度。所以，从旅游从业人员数量占服务业总数的比例和旅游产业投入与旅游产业销售收入比两个方面量化。

（2）旅游产业产出。具有较强旅游产业发展能力的企业应该掌握核心技术并具有自主知识产权，整体技术水平在同行业中居于领先地位，处于产业链的高端，对行业发展和产业升级具有较大的带动作用。从申请专利数量和发表期刊论文数量两个方面量化。

（3）旅游产业效用。主要反映的是旅游产业的创新的成果。主要从新产品销售收入与总销售收入比和消化吸收经费与销售收入比两个方面量化。

7.2.2　金融生态效用评价体系建立

7.2.2.1. 评价方法和权重系数的确定

（1）层次分析法是解决多目标决策问题最常用、最重要的方法。它把定量分析与定性分析结合起来，能有效地处理复杂的多目标问题。其核心思想是把复杂问题分成若干个层次，在每一个层次逐步分析并测算各指标的权重系数。考察金融生态的效用比较适宜采用层次分析法。原因有以下两个方面：首先，无论是对金融生态哪个层次的衡量，在一定的报告期，对同一衡量对象来说，各项衡量指标的变动幅度很难一致，甚至会出现反向变动的情况；同样，对不同的衡量对象，也会发生各项衡量指标变动幅度不一致或反向变动的情况。所以，有必要把这些反映不同侧面情况的若干指标有机组合起来，形成反映金融生态效用的综合值。其次，金融生态的效用评估指标体系是一个统一的整体，既有上下的层次关系，又有指标间的平行关系，不同的指标反映协调发展的不同侧面，分属于不同的类别。因而，评价金融生态的综合效用不应对系统中的各组成要素进行简单统计与加总，而要根据它们耦合产生的"共同效应"、累积方差贡献率、与上层指标的相关系数等，合理确定各层次评价指标的权重系数体系。

（2）权重系数是表征因子相对重要性大小的量度值。确定权重的方法很多，如德尔菲法（专家调查法）、加权统计法、主成分分析法等，按照其确定方式可以分为两类：主观构权方法和客观构权方法。前者是通过专家调查统计确定权重系数，是以专家的主观意见为基础的；后者是应用数学方法模型，从评价指标的统计数据中确定权重系数。一般来说，虽然客观构权方法的理论深奥、方法复杂，并且其合理性检验十分困难，但较为科学和准确。因此，对金融生态效用的评价主要基于客观评价法来确定指标体系所对应的权重系数，并根据金融生态效用评价指标体系各层次的不同特点选取相应的赋权方法。

对于指标体系每个准则层下的基础指标，它们之间往往有较大的相关性，由此提供的重复信息为分析问题带来许多不便，同时影响了分析结论的真实性和可靠性。主成分分析利用线性代数等有关理论，用原来各单项指标的线性组合表示综合指标体系，恰好能克服上述指标体系描述和评估状况的不足，故适宜采用主成分分析法确定每个准则层下指标层各指标的权重。

对于指标体系准则层以上的各个指标，经过主成分分析处理后，虽然各指标之间部分消除了相关性，但还有一部分指标提供了重复信息，因此为了充分提取准则层指标的信息，使评价结果更加合理，还应选用坎蒂雷赋权法，依据各指标与上层指标的相关系数，确定准则层以上各指标的权重，直至最终获得关于金融生态效用的综合水平值。

7.2.2.2. 金融生态效用评价的程序

（1）准则层综合水平的计算。

①数据整理。指标体系中涉及的指标有的是正指标，有的是逆指标，指标量纲也各不相同。因此，评价前须将指标进行正向化和无量纲化处理。本书涉及的是一套分层次、多系统的评估指标体系，在后续的实证研究中不但要求同一系统中的指标评价值是可比的，而且要求不同子系统之间的指标评价价值是可比的。因此，本书根据各指标所选择的评价标准对数据进行正向

化和无量纲化处理。

评价标准是衡量金融生态的相对尺度。评价标准可用未来某个时期的规划目标值、期望值作为标准，也可用一些典型区域或理想区域的数值作为标准。本书根据金融生态的实际状况，参考国民经济与社会发展等规划标准，确定金融生态环境子系统与企业旅游产业发展能力子系统指标层的评价标准。金融生态功能子系统的评价标准参考金融业惯例、有关规定和有关理想值等来确定。

$$x_{ij}=\begin{cases}x_{ij}/\lambda_{\max} & \text{当}j\text{为正指标时}\\ \lambda_{\min}/x_{ij} & \text{当}j\text{为逆指标时}\end{cases} \qquad (7\text{–}1)$$

$$(i=1,2,\cdots,n,\quad j=1,2,\cdots,p)$$

式中，x_{ij}为被评价对象相应特征的标准值，$\lambda_{\min}$，$\lambda_{\max}$为相应特征指标的目标规划值或标准值（评价标准），n 为所评价的样品个数，p 为某准则下指标层中的指标个数。

②指标层权重的确定。指标体系的每个准则层下的基础指标之间往往有较大的相关性，故采用主成分分析法确定每个准则层下指标层各指标的权重。具体步骤如下：

a. 原始指标数据的标准化。设 n 个被评价样品的 p 个指标的原始资料为 $X=(x_{ij})_{nxp}$，按式（7–1）进行正向化和无量纲化处理，使矩阵$\boldsymbol{Y}=(y_{ij})_{nxp}$，对矩阵 $\boldsymbol{Y}$ 中的数据按下式标准化，记为$Z=(z_{ij})_{nxp}$。

$$Z_{ij}=\frac{y_{ij}-\overline{y_j}}{S_j}\ (i=1,2,\cdots,n,j=1,2,\cdots,p) \qquad (7\text{–}2)$$

式中，$\overline{y_j}=\frac{1}{n}\sum_{i=1}^{n}y_{ij}$ 为第 j 个指标变量的均值；$S_j^2=\frac{1}{n-1}\sum_{i=1}^{n}\left(y_{ij}-\overline{y_j}\right)^2$ 为第 j 个指标变量的样本方差。

b. 计算相关系数的矩阵 $\boldsymbol{R}$。$\boldsymbol{R}=\left(r_{ij}\right)_{pxp}$，计算公式为

$$r_{ij}=\frac{1}{n-1}\sum_{k=1}^{n}Z_{ki}Z_{kj}\ (i=1,2,\cdots,p,j=1,2,\cdots,p,k=1,2,\cdots,n) \qquad (7\text{–}3)$$

c. 求解特征向量$\boldsymbol{U}=(u_{ij})_{pxp}$的特征值$\lambda$。$\boldsymbol{R}$ 的特征方程为$|\boldsymbol{R}-\lambda\boldsymbol{I}|=0$，特征值为$\lambda_g\left(g=1,2,\cdots,P\right)$，是主成分 F 的方差，它的大小反映了各个主成分在描述被评价对象时所起的作用的大小，特征值λ_g所对应的特征向量$\boldsymbol{U}_g=\left(g=1,2,\cdots,P\right)$由方程组$\left(\boldsymbol{R}-\lambda_g\boldsymbol{I}\right)\boldsymbol{U}_g=0$求出。

d. 求方差贡献率，确定主成分个数。设$\alpha_g=\lambda_g/\sum_{g=1}^{P}\lambda_i\left(g=1,2,\cdots,p\right)$，表明该主成分能够包含原始变量的信息量，即方差贡献率。对于实现给定的累计方差贡献率q_0（通常取 0.85），如果

$$\sum_{i=1}^{k-1}\lambda_i/\sum_{i=1}^{P}\lambda_i\leqslant q_0\leqslant\sum_{i=1}^{k}\lambda_i/\sum_{i=1}^{p}\lambda_i \tag{7-4}$$

则取前 k 个主成分就可以进行有代表性的分析和评价。

e. 确定权重。将提取的 k 个主成分表示为变量的线性结合，即

$$F_g=\boldsymbol{Z}_j\boldsymbol{U}_g\quad\left(j=1,2,\cdots,p,g=1,2,\cdots,k\right) \tag{7-5}$$

则样本 i 的准则 j 的综合得分值为

$$D_i=F_g\alpha_g=\boldsymbol{Z}_j\boldsymbol{U}_g\alpha_g\ \left(j=1,2,\cdots,p,\quad g=1,2,\cdots,k\right) \tag{7-6}$$

将$\boldsymbol{U}_g\alpha_g$归一化即可得准则 j 中各种指标的权重w_j。

③计算各个子系统准则层指标的综合水平。设每个准则中共有 p 个评价指标，则各子系统准则层指标的综合水平为

$$f=\sum_{j=1}^{p}w_jY_j\qquad\left(j=1,2,\cdots,p\right) \tag{7-7}$$

（2）领域层综合水平的计算。

①准则层权重的确定。通过（7–7）计算出每个子系统的准则层各指标的综合水平后，可以在此基础上再进行综合得出领域层指标综合评价值，即各个子系统的综合水平。依据前文分析在此选用坎蒂雷赋权法确定各个子系统中每个准则指标的权重。

坎蒂雷赋权法假设指标x_j的权数w_j，同x_j与综合指标$y(y=\sum w_jx_j)$之间的相关系数$cor(x_j,y)$是成比例的，即$w_j\propto cor(x_j,y)$。因此，一个与综合指标 y 高度相关的指标应赋予一个较大权数，反之，赋予较小权数。根据这一假设，坎蒂雷提出指标x_1，x_2，…，x_p的权数是矩阵 $\boldsymbol{RS}$ 的最大特征根所反映的特征向量 $\boldsymbol{W}$（其中 $\boldsymbol{R}$ 为 P 个指标的相关系数矩阵，$\boldsymbol{S}$ 为指标标准差所组成的对角矩阵）。将 $\boldsymbol{W}$ 做归一化处理，即可求得各指标的归一化权数。

这里，$\boldsymbol{S}$ 反映的是各指标的变异程度，$\boldsymbol{R}$ 包含各指标间的相互影响，因此 $\boldsymbol{RS}$ 包含原始数据所提供的各指标编译程度和相互影响程度上的差异信息，因此，选择坎蒂雷赋权法是充分根据原始数据所提供的信息来确定个指标权数的，较为合理。

②计算各子系统综合水平。设每个子系统中共有 q 个准则层评价指标，则各子系统的综合水平为

$$G = \sum_{j=1}^{q} w_i f_j \quad (j = 1,2,\cdots,q) \tag{7-8}$$

式中，G 代表某子系统的综合水平，$w_j(j=1,2,\cdots,q)$为根据坎蒂雷赋权法计算出的准则层评价指标的权重，f_j为按式（7–7）计算出的 q 个准则层指标评价值。

（3）目标层综合水平的计算。

根据（7–8）求出各子系统综合水平后，按前述坎蒂雷赋权法为大系统中的金融生态环境子系统、金融生态功能子系统、企业旅游产业发展能力子系统确定各子系统的权重，就可以进一步求出金融生态的综合效用。

设共有 m 个领域层评价指标，则系统的综合水平 M 为

$$M = \sum_{j=1}^{m} w_i G_j \quad (j = 1,2,\cdots,m) \tag{7-9}$$

式中，$w_j(j=1,2,\cdots,m)$为根据坎蒂雷赋权法计算出的各领域层评价指标的权重，G_j为按式（7–8）计算出的 m 个领域层评价指标价值。

7.3　河南省金融生态效用评价

自 2002 年起，罗伯特 · 哈金斯协会开始发布“全球知识竞争力指数”（WKCI）。该指数表明了一个地区在知识容量、能力和知识利用方面的一般水平。按照“强”（经济实力强大，主要对欧美地区）或“快”（经济增长快速，主要对亚洲地区）的原则，选择了全球主要都市（圈）作为其评估对象，测定这些区域的知识竞争力指数并据此排定名次。国内京津沪粤近三年的知识竞争力虽然进入了 125 个领先地区的行列之中，但得分状况和排名状况均不理想，尤其是河南省排不进前 200 位。可见，河南省金融生态支撑旅游产业发展的效用堪忧。

根据金融生态效用评价指标体系的设计思路，依据每项数据的评价标准，参考国内外多种综合指数的分类方法，将金融生态效用的等级划分为五个等级，如表 7–4 所示。

表 7-4　效用等级划分

综合效用	0.00～0.19	0.20～0.49	0.50～0.89	0.75～0.89	0.90～1.00
效用等级	差	不佳	普通	良	优

依据河南省统计局 2016 年公布的最新数据，并选取《河南统计年鉴（2015）》《2015 年中国区域金融运行报告》《2015 年中国金融市场发展报告》等中的有关数据，利用式（7-9）计算得到河南省金融生态效用，如表 7-5 所示。

表 7-5　河南省金融生态效用与等级

年份	2013 年	2014 年	2015 年	2016 年
效用	0.4268	0.6354	0.6372	0.6795
效用等级	差	不佳	普通	良

数据表明，随着旅游产业发展的不断提速，以旅游产业投资推动经济可持续发展成为我国一项国家发展战略，河南省金融生态支撑旅游产业发展的效用也随之不断增强。

第 8 章　金融生态系统和旅游产业发展自适应机制

关于金融生态系统模型的构建及其评价系统的评估表明，制约河南省旅游产业的瓶颈不仅是资金的问题，关键问题还在于资金、信息、信用怎样通过金融生态链在生产者、消费者、分解者各个生态主体完成循环，也就是金融生态链的内部互动协调机制。通过充分发挥金融生态链内部活性，旅游产业发展面临的种种问题才能得到有效化解，才能合理地回馈金融生态，形成良性互动。良好的外部环境也为金融生态系统顺利运行提供了条件。以上章节的分析与研究为金融生态系统的优化提供了理论支撑和实践基础。金融部门有产品（服务）交易的支付系统，资金池机制，跨时间、跨区域、跨产业的经济资源转移，不确定性管理和风险控制，提供价格信心和协调部门间决策，解决非对称信息和冲突性激励问题六个核心功能。金融系统只有发挥这六项核心功能，才能够促进经济资源的优化配置和合理使用，保持经济在不确定性条件下的可持续发展。

8.1　优化金融生态环境

8.1.1　调整经济结构，促进旅游产业的创新发展

改革开放以来，我国国民经济发展快速，创造了举世瞩目的“中国奇迹”。但在经济高速增长的同时，经济运行中暴露了一些突出的矛盾和问题，如居民收入差距持续扩大、经济发展与资源环境失衡等。虽然我国自改革开放以来，一直十分注重经济增长方式的问题，但单纯地转变经济增长方式的做法并没有取得预期的效果。这与某些地方、部门单纯追求 GDP，片面强调经济增长，轻视甚至漠视经济结构、分配结构和资源、环境等问题有直接联系。实践表明，单纯地强调经济增长方式的转变无法解决经济发展问

题。同时，从前文的分析中得知，河南省 2013—2014 年的平均旅游发展金融支持程度不高。因此，要调整经济结构，促进旅游产业的创新发展。

8.1.2　健全金融法律体制，为金融生态系统提供强有力的法律保障

法律体制像大气层保护自然生态系统一样保障着金融生态系统的顺利运行，它规范着金融生态主体的行为，保护着金融主体的利益，从而使金融主体都能在平等、规范的环境中进行金融活动，以此促进经济发展。

有效的政策支持不只是增加风险资本，在促进创新的活动中，政府的主要工作是制定政策、改善环境，为基础研究提供必要的支撑，建立坚实的知识基础设施，促进知识流动。法制是市场经济的基础，各种活动必须有明确的法律制度来确定其性质、目标和内容。目前，中国从中央到地方已建立起专门管理、服务中小企业的政府机构，已制定和颁布有关加强技术创新、促进科技进步、加快高新技术产业化、扶持高新技术产业发展等方面的法律法规和政策。但总体来看，力度还不够大，尤其是在旅游产业发展融资方面的专项立法上，其社会作用十分有限，这也成为制约旅游产业发展的一个重要因素。政府应加强立法工作，通过立法来确定旅游产业发展的地位，完善旅游产业发展融资的制度基础。同时，加大执法力度，以保障法律制度的有效实施。

8.1.3　完善信用体系建设，为金融生态系统提供良好的信用环境

在金融生态系统模型的构建中，诚信作为金融生态系统的能量来源，由金融主体的行为创造，并通过信息的形式不断地被注入金融生态链的循环往复过程中。它是金融生态系统的起点，也是金融生态系统得以良性循环的依据。所以，征信体系的建立显得尤为重要。

有无完善的征信体系是金融体系是否有坚实的基础、市场经济是否走向成熟的重要标志。企业信用信息基础数据库是征信体系建设的重要内容，其主要功能是收集企业信用记录，帮助金融机构了解企业的信用状况，防范信用风险，保持金融稳定，促进金融发展，还能为具有良好信用记录的企业创造更好的发展环境，使企业重视自身良好信用记录的保持，从而为整个社会的诚信建设打下坚实的基础。因此，政府应牵头将散落在各部门的企业付款和偿债记录等各项信息进行归并，建立由第三方管理的较为完善的征信数据库，并以法律的形式规范公共信息、征信数据的取得和使用程序。同时，抓

好信用管理制度建设，建立并逐步完善以信用法律法规为依据，以信用专业服务机构为主体，以合法有效的信用信息为基础，以规范市场主体行为为目的，使诚实守信者受到鼓励、违约失信者受到惩戒的一整套规范化、制度化的信用监督和管理体系，形成旅游产业发展信用度提高的外部压力和动力。

8.1.4 为旅游产业发展创造良好的金融支持环境

1. 塑造金融生态环境，提升金融资源配置保障

完善的金融生态环境是构建良好的金融生态环境的前提。在我国，银行业的不良贷款问题是金融生态环境问题出现的前提，地方政府的行政干预、市场经济体制的不完善、制度缺失等因素成了金融生态环境恶化的原因。因此，只有明确政府干预、制度缺失等制约因素的本质原因，才能梳理出构成金融生态环境的基本要素。很多学者对此进行了探讨和分析，但并不完善。特别是结合中原经济区的发展战略、经济结构、文化底蕴等不同特点，探索独具特色的金融生态体系，才具有真正的现实意义。构建支持旅游产业发展金融生态系统的硬环境主要是建立和完善基础制度，包括各种政治制度、经济制度、法律法规和行业规则等。这些基本的硬环境是各种行为主体运行的基本行为准则，是约束行为的根本保障。

软环境的构建是指社会文化、风俗习惯、价值观念、道德标准和意识形态等非正式制度的构建。在诚信体系建设方面，可以采取“从上而下”和“从下而上”的双轨制运行模式。所谓的“从上而下”，就是通过不断完善政府部门或者中国人民银行的征信系统，强化对企业和个人的约束。所谓的“从下而上”，是指通过建立民间信用评级机构，采用市场化的运作模式，逐步实现少数有影响的评级机构发布企业信用级别信息的常态机制。随着市场经济体制的完善，评级机构要逐步和国际接轨，以便建立和发展区域诚信体系。构建诚信文化主要是充分挖掘全域旅游的文化内涵和文化意义，使经济、文化和金融诚信有效结合起来，也就是想办法赋予本土文化以经济内涵、管理内涵，从而形成一个区域性的诚信文化名片，以文化为抓手进一步促进金融生态环境的建设。

2. 塑造金融生态自适应机制，提升金融资源配置效率

金融生态环境是金融机构赖以生存和实现自我调节的一个动态环境。良好的金融生态环境能保障金融机构实现其基本功能，激发微观经济主体的经

济活力，提升宏观经济绩效。一般来说，金融生态环境具有关联性、适应性、依存性和演进性等基本特征。所谓关联性，是指金融生态系统中每个个体都是整个生态链条的一个环节，只有实现个体之间资源的有效传递与合理配置，才能维持金融生态系统的有效运行。所谓适应性，是指在不同的法律、经济、社会和文化环境中，金融机构和经济主体通过不断调整自己的行为、不断磨合逐步实现生态平衡。所谓依存性，是指金融生态系统中的个体之间是相互依存的，更多地表现为需求和供给关系。商业金融机构与企业之间是资金的供给与需求关系，储蓄者与银行之间是债权与债务关系，政府部门和商业性金融机构之间是调控和被调控的关系，等等。只有每个个体都明确这种依赖与被依赖的关系，明确自身的地位和应该发挥的作用，金融生态系统的运行才会有效。所谓演进性，是指金融生态环境不是一个静态系统，而是一个动态的演化系统。它既可以从不平衡到平衡，又可以从平衡到不平衡，还可以从低级的平衡演化到更高级的平衡。在演化过程中，不仅要注重市场机制的作用，更要充分发挥金融管理者的调控职能，实现从低级平衡向高级平衡的演变。众多金融生态环境案例表明，正是由于政府的行政干预或者是政策性金融的过度政策倾斜，才导致了金融生态环境的恶化和不良贷款的增加。反之，也正是由于地方金融生态环境的恶化，才使大量的金融资源外逃，流向了金融生态环境较好的地区。但是，我国要实现区域经济发展的平衡，实现特定产业的振兴和发展，实现经济结构的调整和发展方式转变，必要的政府干预和政策性金融是不可或缺的。

8.2　金融生态系统功能实现过程的优化

8.2.1　金融生态系统规律的应用

8.2.1.1. 充分发挥金融生态系统自身的调节能力，提高金融生态系统整体效率

自然生态系统遵循的“物竞天择，适者生存”以及“优胜劣汰”的法则在金融生态系统中同样适用。我国对一些国有化的金融主体过于保护，导致不良资产在金融生态系统中的运行，严重降低了金融生态的整体效率。

一个可持续的生态系统需要具备丰富的生物种类，它们之间既相互依存，又相互竞争。生态学上著名的竞争排斥原理（又称高斯原理或高斯假

说）显示，如果许多物种占据一个特定的环境，它们要共同生活下去，必然要存在某种生态学差别。每一类个体都有独特的生存空间和功能定位，由此构成一个完善的生物链。如果系统中某类个体数量过多，超过系统的承载能力，在过度竞争中却不能大鱼吃小鱼，则对系统来说无异于一场灾难。金融主体的健康发展是金融生态系统良性循环的前提。当金融主体的生态空间不足以支持其获得足够利润，来满足生存并发展其竞争能力的需要，体制上又存在退出障碍而无法优胜劣汰时，个体之间的竞争将趋于恶化。其结果就是不论优劣都在市场上争夺资源，破坏金融生态系统的正常秩序，降低金融生态系统的整体效率。为保障金融生态系统的良性运行，必须建立完善的法律框架，确立金融机构市场退出的边界与标准，确立处置有问题金融主题的行为规则，建立按照规则干预的退出机制，使金融主体市场退出有序、规范地依法进行，最大限度地降低社会成本，保证社会金融经济的稳定发展。

8.2.1.2. 建立资金退市机制

在第 3 章的分析中，旅游产业发展的投资是一种长期投资，资本一但投入，就必须滞留在产业化过程中。而且，这种过程越长，不可测因素就越多，所需要承担的风险就越大。技术创新投资的这一特点既限制了投资者对投资机会的灵活抉择，又构成了资本进入旅游产业发展过程的天然障碍。然而，根据金融生态链的运行，可以看出金融生态系统也是个“有进有出”的系统。也就是说，在金融生态系统中，要保持资金的长效流动，就必须完善消费者（企业）和分解者（中介组织）之间的关系。解决这一矛盾的唯一途径就是旅游产业开发的资本进入与退出机制，而这种机制在现代经济中只有通过金融系统才能建立起来。依据旅游产业发展生命周期演变而采取相应的各具特色的多元化融资组合，自然就需要形成一套灵活的资本能进、能退的机制，这也是创业投资最为关键的环节。只有创业资本顺利地退出，才能保证创业资本的流动与循环，也才能保证创业投资的连续性。旅游产业开发投资的退出不只是一次投资的终结，每一次退出都是下一次投资初创企业的起点。政府在制定旅游产业开发融资政策时，就需要考虑如何利用多层次的资本市场解决资本退出的问题。由风险资本直接参股的旅游产业一是通过企业股票上市，参股人转让股权退出；二是在场外交易市场或公开产权市场，以拍卖、产权重组形式转让退出。以高风险债券方式投入的资本可在证券交易市场转让退出；银行提供的信贷资金则可借助贷款证券化退出。通过向投资者发行贷款担保债券，贷款证券化为银行提供了一条风险贷款退出渠道，降低了银行贷款风险，可激发银行为旅游产业发展提供贷款的积极性。

8.2.2　金融生态链的优化

8.2.2.1. 完善金融主体，优化金融生态链

根据旅游产业开发的生命周期动态演变，可以看出旅游产业发展的每个阶段的融资风险、利润和资金需求都有很大区别。在我国金融生态中，金融主体缺失、越位现象屡见不鲜。生产者、消费者、分解者不能有效地进行资金流动。其根本原因在于金融生态链并非处于稳态，各个金融生态子系统发展极不平衡。根据金融生态链（网）越复杂则越倾向稳定的基本规律，要完善金融生态链中的金融主体，使金融生态链在复杂化的过程中有条不紊地为旅游产业开发提供融资条件。

8.2.2.2. 加强市场信息流通，减少强制因素信息传播

我国现在的市场经济脱胎于计划经济体制，计划经济的强制性作风也遗留了下来。对金融市场的过分干预导致了金融生态链中信息传递的失真。在金融生态系统中，中介评估结构的缺失导致在判断旅游产业发展这一经济行为是否能够带来经济效益时失去了基准。同时，国家强制性政策导致资金在金融生态链中的流动趋于低效率。为了实现市场信息的有效流通，必须以引导为主、以市场信息为准，实现信息在金融生态链中的有效畅通。

8.2.2.3. 充分发挥征信体系的作用

在金融生态链中，信用为资金的表现形式与资金流动的“依托”。在金融生态链循环过程中，中介组织提供的企业旅游产业发展的基础数据只是判断该项目是否可行的一个方面，另一个方面就是该企业的信用。所以，一方面，要积极推进征信系统建设，对个人和企业的诚信情况做真实、客观的记载；另一方面，要努力提高征信机构的透明度，信用数据的采集、处理、保管要按照统一、明确的业务程序进行，实现诚信体系的科学性、公正性、有效性。这样，在金融生态系统按照“优胜劣汰”的规则运行时，就有章可循、有据可依。

8.2.2.4. 加强金融改革和金融创新

为了在金融生态链的运行过程中有效地解决企业在旅游产业发展的生命周期演变中资金的需求和风险的控制问题，必须依靠更多的金融产品、更高的金融价值、更强的金融资产流通。可见，加强金融改革和金融创新迫在眉睫。

8.2.3 金融支持旅游产业发展的建议

为促进旅游产业发展，除了政府这一主体给予政策、财政、税收方面的优惠之外，还要依靠更为完善的资金支撑体系。

8.2.3.1. 充分调动旅游产业投资主体的积极性

在现代企业理论中，风险投资的“企业家”地位以及旅游产业投资主体对剩余索取的要求实际上在将旅游产业发展的风险和收益归为同一主体的同时，将技术、管理等旅游产业发展要素纳入了资本范围内。这就要求我们在优化和完善金融生态系统的过程中必须保障金融主体的完善，使其能够在金融生态的运作过程中良性循环。

旅游产业发展能给企业带来丰厚的回报，而旅游资源资本化创新和成果转化必须依赖金融创新的载体——金融创新人才。企业的金融创新人才与普通员工不同，他们从事着具有高度复杂性、不可观测性和不确定性的创新活动。对他们的绩效考核始终是困扰众多高科技公司的瓶颈问题，其带来的不良后果是严重的，最直接的影响是考核的不合理会导致人才外流。在高科技企业中，人力资本作为最大的财富，是公司的发展之本，对金融创新人才绩效考核的结果与企业的壮大休戚相关。西方国家普遍采用的管理者股权激励计划、股票期权激励计划等在一定程度上解决了金融创新人才的激励问题。然而，企业的金融创新人才与经营管理者虽然都属于企业的主要贡献者，但经营管理者的贡献在于经营业绩的大小，金融创新人才的贡献则在于科技成果的大小。

金融创新人才股票期权激励制度是指企业的所有者授予企业金融创新人才一种选择权，允许其在特定时期以事先确定的行权价格购买本公司的股票，通过这种制度安排，企业金融创新人才的未来收益与股票价格成正比，而股票价格是企业内在价值的体现，于是在企业金融创新人才个人利益、股东利益和企业未来发展之间建立起一种正相关的关系。股票期权激励的本质是在委托代理双方之间建立起一种利益共享、风险共担的机制，并通过期权的形式延期兑现收益，进一步加强长期激励效果，从而有效缓解委托代理矛盾。金融创新人才股票期权制度的激励逻辑是努力工作→科技创新→业绩提升→股价上涨→行权获利，受益人的单位收益即为股票市价和行权价格的差额，因此行权价格的高低直接决定了受益人最终收益的高低和激励效果的强弱，成为股票期权激励制度的核心要素。

未来，企业的竞争归根到底还是金融创新人才的竞争，因此需要建立有效的金融创新人才激励机制，完善股票期权激励制度的核心要素——行权价格，完善股票期权激励链条，从而留住人才，发挥其非凡才智确保企业在激烈的竞争中立于不败之地。

8.2.3.2. 旅游产业发展的金融支持

在对旅游产业发展进行 SWOT 分析时，我们已经提出旅游产业发展由于自身发展时间短，对于直接融资缺乏相应的信用记录，而其活动又具有高风险的特点，所以融资成本相对较高。同时，旅游产业发展由于规模因素满足不了间接融资的上市要求，所以旅游产业发展资金匮乏的问题应该得到相应的扶持政策。政府为旅游产业发展创造良好的支持环境可以从以下两个方面入手。

（1）资金支持。政府在旅游产业发展过程中的资金支持至关重要。需要注意的是，设立政府创新基金的意义重在“引导”，通过社会资金的跟进而实现杠杆化放大效应。借鉴国际经验，应加大政府的资金支持，拓宽企业的政策性融资渠道，主要应做好以下工作：一是强化政策性银行对科技企业的扶持，从现有政策性银行派生出面向旅游产业发展的贷款部门，新设政策性科技型中小企业银行；二是完善政策性资金扶持体系，通过立法强制，保证政策性金融机构对旅游产业发展的融资比例；三是发挥政府采购在促进旅游产业发展中的作用；四是以财政投入改变商业性资金科技投入的收益函数。

（2）财税支持。发达国家普遍采取税收优惠政策的做法，中国虽有相应的税收优惠政策，但真正能享受到的企业并不多。一是目前税制对技术创新的优惠政策主要体现在企业所得税中，企业研发新产品、新技术、新工艺所发生的各项费用不受比例限制计入管理费用。另外，对当年发生的“三新”费用比上年实际发生额增长达 10%以上的企业，可再按当年发生额的 50%抵扣应纳税所得额等。但对亏损企业发生的研究开发费用，只能按规定据实列支，无法实行增长达到一定比例抵扣应纳税所得额的办法。因为旅游产业发展正处于艰难的成长期，实现稳定的盈利尚需时日。二是减免手续烦琐，一些税收优惠政策并未真正落实到旅游产业发展中。因此，当前重要的问题是真正落实已有的税收减免政策并适时改革现行税制，加大研发投入的税前扣除等激励政策的实施力度；加快实施消费型增值税，将企业购置的设备已征税款纳入增值税抵扣范围；允许企业加速研发仪器设备的折旧；对购买先进科研设备给予税收扶持；等等。这样，可以降低企业相对赋税，减轻企业税收负担，还可以促进民间资金在税收优惠政策的激励下流向旅游产业。

8.2.3.3. 旅游产业发展与金融性资金的支持

从旅游地生命周期的动态周期模型可以看出，旅游地生命周期的不同阶段对资金需求的变化，所以要为旅游产业发展的不同阶段提供不同的金融支持。在种子期，主要依靠研发者、基金资助和天使基金；在导入期，主要依靠风险投资和投资银行；在成长期，主要依靠风险投资、投资银行和二板市场；进入成熟期后，资金来源则集中于主板上市；在最后的衰退期，股票市场成为主要的资金来源。所以，在研究金融支持旅游产业发展的问题上，不仅应该考虑旅游产业发展的特点，还应该考虑旅游产业发展所处的阶段。由于我国金融市场体系不够完善，旅游产业发展过程中出现了困境。就目前的情况而言，主要应从以下几个方面进行金融性资金的支持。

（1）构建完善的保险体系和担保体系。由于银行等金融机构的经营原则和企业旅游产业发展的特性有不符合之处，为缓解旅游产业发展融资难的问题，应构建完善的保险体系和担保体系。一方面，可以通过保险公司承办保险业务，为旅游企业的旅游项目提供保险；另一方面，可以建立多层次的担保体系，包括动产抵押担保制度，允许应收账款和存款作为担保物，允许在普通债权上设立担保，引入浮动担保制度。另外，还要完善中小企业信用担保体系。目前，全国已建立中小企业信用担保机构近千个，为中小企业和银行之间架起资金融通的渠道发挥了一定作用。但机构数量偏少、资金规模偏小、放大倍数不高、风险准备不足、再担保机构缺位、信用环境较差等问题仍然是信用担保体系建设存在的问题，为此要尽快构建从中央到省、市、县多个层次的全国中小企业信用担保再担保网络，进一步规范担保机构的运作，建立风险补偿和激励机制，完善信用担保支持体系，使信用担保机构真正起到企业和银行间的桥梁和纽带作用。

（2）开展金融机构风险贷款业务。为解决旅游产业发展的融资问题，金融机构可以开展风险贷款业务。金融机构发放风险贷款，在科技成长型企业旅游产业增值以后，通过出售所持股份或期权获得高收益，使对失败企业的风险损失获得补偿。这种高收益与损失相补的贷款经营方式与我国金融分业管理经营体制存在一定的冲突。在美国，以往商业银行与投资银行业也是高度分业经营，但对美国硅谷的有关商业银行采取了“特殊区域，特殊政策”，从试点开始逐渐走向规范化。我国的金融机构也应借鉴国外的先进经验，向中央银行申请特殊政策，支持银行开办风险贷款业务。

（3）努力探索催生三板市场。随着 2006 年 1 月中关村科技园区非上市股份公司进入证券公司代办股份转让系统进行股份报价转让试点方案的正式实施，由科技型中小企业催生三板市场成为一个热点话题。三板市场即代办股份转让业务的场所，是指经中国证券业协会批准，由具有代办非上市公司股份转让服务资格的证券公司采用电子交易方式，为非上市公司提供的特别转让服务，其服务对象为旅游产业。我国许多大城市的旅游产业进入产业化成熟阶段，企业的经营状况基本稳定，管理趋于规范，核心竞争力逐渐形成，并向投资者展现了其发展前景。企业也拥有足够的业绩记录和资产规模来证明自己的信用，各种风险大幅度降低，这使企业上市融资成为可能。主板市场和中小企业板目前都不是高新技术企业进行融资的合适渠道。三板市场将中关村科技园区的旅游产业作为首选服务对象，可以通过市场机制发挥资本市场所具有的引导、示范、带动功能，引导科技投融资体制改革和科技创新激励机制的实现。所以，在我国目前主板市场上市门槛太高、中小企业板市场阻滞的情况下，三板市场不失为一项可供选择的较好的融资渠道。

8.2.3.4. 旅游产业发展创新与其他资金的支持

旅游产业有产品科技含量高、人才集中、创新意识浓等优势，所以比较容易掌握具有核心竞争力的专利。但是，产品市场化所需的大量资金对导入期和成长期的旅游产业而言是其发展的瓶颈。专利作为一种资产形式也是一种融资渠道，可以通过以下两种方法加以利用。

（1）设立专利典当机构。当前，设立专利典当机构一方面有利于解决旅游企业短期融资困难的问题。长期以来，商业银行或其他金融机构对旅游企业信贷不足，致使旅游企业缺乏必要的短期信贷支持。旅游企业拥有的专利技术等作为无形资产，虽具有相当的价值，但不能得到有效利用。因此，将两者结合起来，设立专利典当机构，发挥其“手续简便，灵活快捷”的融资优势，能够弥补旅游企业在旅游产业发展过程中流动资金不足的问题。另一方面，有利于促进专利的商品化。经严格论证和评估的专利作为典当质押物出现，将促进专利商品化。旅游企业的专利可典当抵押，为企业进行旅游产业发展，进一步融通资金、盘活资产发挥重要作用。以高风险、高回报为显著特点的旅游产业，很难得到银行贷款支持，专利典当机构应抓住机会，适当参与，充当高技术的“孵化器”。

（2）知识产权产业化。知识产权产业化的过程就是知识产权由传统保护到综合运用的发展，就是知识产权从法律意义走向市场意义的过渡，就是知识产权从潜力资源到核心生产力的转化。知识产权产业化在保护机制、促进激励、转化利用、风险保障和资本投入等诸多方面需要全方位的配套体系的保障和支持。信托制度的引入有效地解决了知识产权产业化中成果转化的机制性困难，使知识产权创造和知识产权利用适度分离。资产证券化作为当前资本市场中最为活跃的金融创新品种，为知识产权产业化中的资金融通提供了良好的支持和相对成熟的路线。责任保险和风险保障的介入使知识产权产业化的创新风险降低，有利于知识产权企业的资金投入和融资手段的丰富，提高知识产权产业化顺利完成的成功概率。在此基础上，进一步打通金融支持之间的评价壁垒，进一步采用多元性手段保障科技创新融资能力，成为未来这一领域的发展趋势。

政策性金融乃至行政干预的介入是必不可少的。但是，行政的干预往往会违背市场经济的基本规律，不利于金融资源的自由流动。这就需要找到市场和政府对金融资源配置的平衡点、契合点，把握两者协调发展的度，探索政策性金融与商业性金融的有效结合方式，实现金融资源的有效配置，提升金融资源配置的效率。

8.3 旅游产业结构优化促进金融生态的改善

8.3.1 金融支持旅游产业发展的路径的优化

就产业本身而言，金融支持区域产业发展主要包括特定产业的金融支持、产业结构合理化调整中的金融支持和产业结构高级化调整中的金融支持三方面。特定产业的金融支持是指国家为了某种目的，对某个特定行业进行的金融支持；产业结构合理化中的金融支持是指根据产业结构中的比例关系，对弱势产业进行的金融支持，目的是促进产业之间的协调发展；产业结构高级化中的金融支持是指在产业结构由低级向高级演进的过程中，为了提升产业的科技含量，对技术创新活动本身或者高技术产业的金融支持。

从金融本身来看，对产业发展的金融支持主要可以从直接金融、间接金融两个方面提供。直接金融支持是通过资本市场中的上市融资、兼并重组等促进某个产业的发展；间接金融支持是指通过银行信贷对某个产业进行的支持。

根据上述分析可以看出，产业发展中的金融支持政策不仅有财政金融政策，还包括相关的产业结构调整政策。具体来说，财政金融政策包括银行信贷、财政担保、市场信用担保、政策性金融机构支持等，产业结构调整政策包括产业扶植、产业抑制、产业培育、产业升级等政策。金融支持旅游产业发展的路径图 8-1 所示。

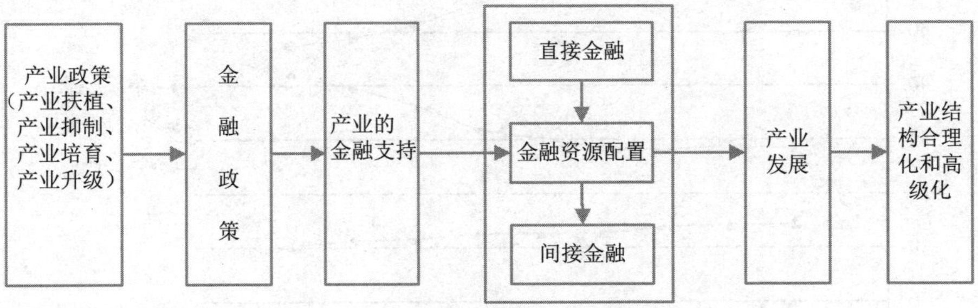

图 8-1　金融支持旅游产业发展的路径

依据产业发展的金融支持逻辑关系可以看出，金融政策与产业结构调整和升级有着紧密的关系。

首先，不同的融资方式会影响产业结构调整的方向。根据赵俊、王淼军的研究，直接融资对经济增长的促进作用要远远高于间接融资。所以，资本市场发达的国家或地区对产业结构调整的影响要远远大于资本市场不发达的国家或地区。在金融市场不发达地区，融资的主要渠道是间接融资，同时银行信贷对产业结构的影响会受到金融结构的影响。

其次，金融市场有助于资源配置和市场信息交流。发达的金融市场能够快速地配置社会资源，促进资源的快速流动，进一步影响企业的进入和退出，最终促进产业结构的调整与优化。

最后，信贷杠杆具有引导资金流向从而影响产业结构的作用。不管是产业结构的合理化调整，还是产业结构的升级，都要引导一定的资金有目的地流动，这种有倾向性的特定资金流动会推动特定产业的发展，进一步促进产业结构调整。

8.3.2 金融支持产业结构优化的措施

河南省三次产业比重变动如图 8-2 所示。2007—2011 年，第二产业比重有上升趋势，第一产业比重有下降趋势，第三产业比重稳步上升。2012—2016 年，第三产业比重有很大程度的增长，但第二产业的比重还是明显高于第三产业。按照三次产业的演进规律，河南省三次产业结构仍处于工业化中期阶段。

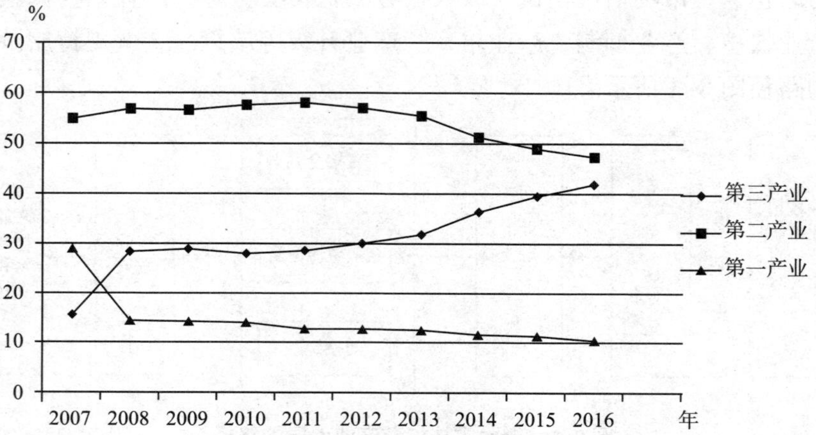

图 8-2 河南省三次产业比重变动图
（资料来源：河南省统计网）

在第二产业内部，分行业规模以上工业增加值比重排名前 10 的行业分别是非金属矿物制品业、煤炭开采和洗选业、农副食品加工业、通用设备制造业、有色金属冶炼及压延加工业、化学原料及化学制品制造业、黑色金属冶炼及压延加工业、纺织业、专用设备制造业以及电力、热力生产和供应业。可见，河南省工业比重较高的行业基本都是资源性产业或者传统加工业，通信设备、计算机等高技术行业的比重较低。在第三产业内部，物流业、信息传输、计算机服务和软件业、科学研究和技术服务业以及教育业比较落后，与东部沿海地区有较大差距。

根据河南省三次产业结构中第三产业比重较低的情况，以及第二产业中高技术产业比重较低的情况，应加大对第三产业发展和高技术产业发展的金融支持。具体来说，就是做好金融资源的产业范围选择。通过金融结构的调整，形成多层级的金融体系，使金融资源流向特定的产业，促进产业结构调整。另外，还要充分发挥信贷市场、资本市场的作用，调整信贷结构和资本市场结构，不断适应河南省产业结构的合理化发展。

产业结构升级的过程主要是产业结构由低级向高级演进的过程。一般来说，产业结构的高级化就是指通过技术进步的作用提升产业的技术水平，促使产业结构由劳动密集型向资本、技术密集型转变，由轻纺工业向重化工业转变，由传统服务业向现代服务业转变，由传统农业向现代农业转变等，提升产业的高附加值。所以，产业结构高级化的金融支持重点在于对技术创新活动的支持或者对高技术产业的支持。在技术创新活动中，既要有对人力资本的支持，又要有对企业产品创新活动的支持。因此，产业结构高级化的金融支持政策不仅包括信贷结构调整，还需要金融监管政策、激励约束政策、财税政策、节能环保政策、产业政策的配合。具体来说，应采取以下措施。

首先，重视金融在产业发展中的作用，制定金融产业发展规划。在遵循金融业发展规律的前提下，政府部门应重视金融促进中原经济区经济社会发展的作用和功能，制定金融产业促进中原发展、河南振兴的长期发展规划，做好金融支持实体经济的顶层设计。同时，中原经济区所辖的市、县（区）等政府机构要做好具体方案的对接，不断健全和完善金融产业生态链，促进规划方案的落地。

其次，支持特色优势产业发展。金融业应积极服务好区域内的特色优势行业和新兴战略性行业，在持续优化信贷资源配置的同时，推动以信贷业务为主的经营模式向综合化经营、多元化服务转变；重点支持国家重要能源基地、黄金开采基地、粮仓基地、名优特产基地、农副贸易基地、劳务输出基地、资源深加工基地、装备制造业基地和战略性新兴产业基地建设，为重大优质项目提供固定资产贷款、流动资金贷款、搭桥贷款、房地产开发贷款、造价咨询等金融产品和服务；加大对先进装备制造业、现代服务业、节能环保产业和节能减排、循环经济的金融支持力度；积极支持现代农业和特色农业建设，重点支持集约型农牧业生产、特色农牧产品深加工、农产品流通等龙头骨干企业的发展，加大农业产业链的金融支持力度。旅游产业发展和金融生态优化的内在运行机制如图 8-3 所示。

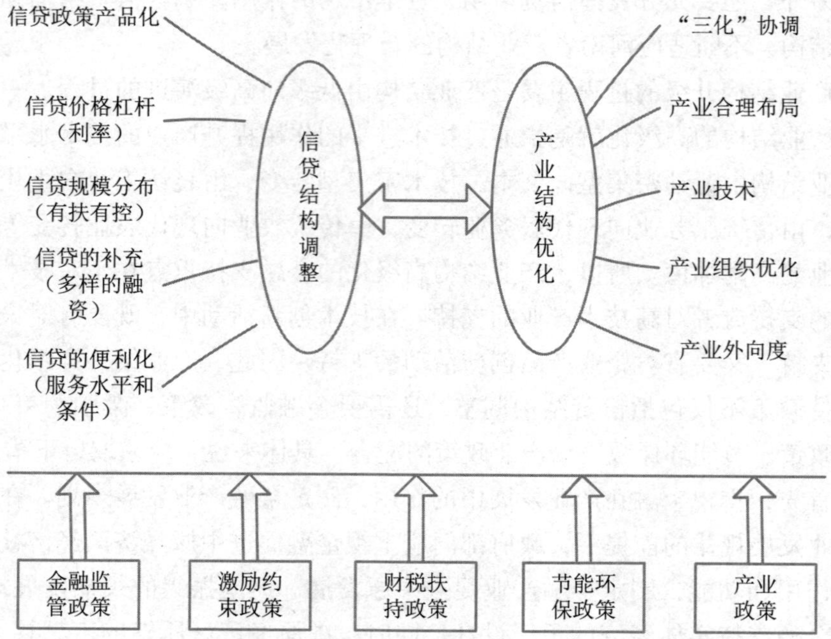

图 8-3　旅游产业发展和金融生态优化的内在运行机制

8.3.3　创新金融支持产业发展的策略

结合河南省上市公司较少的实际情况，鼓励更多的企业特别是高科技企业进行上市融资，优化融资格局，提升高技术产业在整个产业结构中的比重。大力发展风险投资行业，建立合理的风险投资体系，促进高技术产业的发展。推出免形资产质押贷款、仓单质押贷款等适合高科技产品特点的金融产品，推进高技术产业的发展。

建立多层次、多主体的风险担保分担体系。由于高技术产业的发展与传统产业相比有一定的风险，所以要引导金融机构、企业、担保机构以及民间资本共同参与，在规范的管理制度约束和行业监管下，建立省、市、县三级联动的担保体系平台，创新担保方式，为银行和企业之间搭建资金流动的桥梁。可以尝试组建地方金融控股公司，促进产业资本与金融资本的融合，使产业政策得到充分的贯彻和实施，从而提高资源的结构性合理配置。同时，可以配合地方产业发展规划，实施差异化金融支持方案。另外，还要加大中小企业金融服务力度。大力发展中小企业是推动产业结构调整重要的着力点，是提升产业结构的支撑，更是服务民生的重点。金融业可以通过发展集合信托计划、集合票据、联贷联保等创新型业务，支持中小企业的快速发展。依托中原经济区内优势产业核心企业搭建供应链融资平台，辐射上下游小企业客户，对与核心企业建立稳定业务往来的生产型、贸易型、服务型小企业进行批量筛选、批量准入、批量支持，推动中小企业的业务发展。

依托产业园区搭建产业集群平台，充分利用产业集群内企业之间、产业园区企业之间以及与主管部门之间的信息和协作关系平台，实施拉网式梳理，加大信贷支持力度。探索和推动网络银行平台和科技产业平台的建设，通过批量营销平台的建设，推动中小企业成批、成片地快速增长。

后记

本书通过基于风险收益理论和现代企业理论的金融支持研究，分析了金融支持旅游产业发展的合理性和约束性，为旅游产业发展的金融支持提供了理论和实践的出发点；在分析自然生态系统的基础上，根据金融生态链的循环运行构建出金融生态系统模型，研究金融生态系统的仿生性和特异性，提出金融生态系统具有自适能力，为优化和完善金融生态系统提供了理论依据；根据金融生态系统模型，提出金融生态系统并非简单的金融体系，其涵盖金融生态环境和金融生态主体两部分内容，其中金融生态主体不再拘泥于金融体系内部，包含企业、金融机构、中介组织和监管部门。另外，还指出信用在金融生态系统中的作用就类似能量在自然生态系统的流动，而资金作为信用的表现形式就类似自然生态系统中的物质，进而结合金融生态系统的仿生性和特异性以及对经济发展、金融发展、旅游产业发展关系的研究，建立了相应的评价金融生态系统评价体系，并对河南的金融生态系统进行了分析，这为金融生态系统的优化和完善提供了事实依据。综合上述理论依据及事实依据，提出了从金融生态环境及金融生态运行过程两个方面对金融生态系统进行优化和完善。其中，金融生态环境包括调整产业结构、健全法律体制和完善征信体系三个方面；金融生态系统运行主要包括保证金融生态系统的规律应用、优化金融生态链及金融支持体系的构建。

参考文献

[1] 白钦先，姚勇，崔满红，等．金融可持续发展研究导论 [M]. 北京：中国金融出版社，2001.

[2] 周小川．完善法律制度，改进金融生态 [R]. 北京：经济 50 人论坛，2004.

[3] 徐诺金．论我国的金融生态问题 [J]. 金融研究，2005（2）：35–45.

[4] 谢太峰．关于金融生态内涵与评价标准的思考 [J]. 金融理论与实践，2006（4）：26–28.

[5] 金力伟．金融支持云南省旅游产业发展研究 [D]. 北京：中央民族大学，2015.

[6] 李娜．旅游产业集群模式与发展研究 [D]. 西安：陕西师范大学，2007.

[7] 利克里什，詹金斯．旅游学通论 [M]. 程尽能，等译．北京：中国旅游出版社，2002.

[8] 李天元，王连义．旅游学概论 [M]. 天津：南开大学出版社，1999.

[9] 密德尔敦．旅游营销学 [M]. 向萍，等译．北京：中国旅游出版社，2001.

[10] 韩勇，郑远强．海南省旅游业对经济影响效果的实证分析 [J]. 海南大学学报（人文社会科学版），2003（1）：50–53.

[11] 李红玉，李阳．天水市旅游业对经济发展影响的实证分析 [J]. 现代商业，2013（6）：32–33.

[12] 李青志．旅游业产出贡献的经济分析——上海市旅游业的产出贡献和乘数效应 [J]. 上海经济研究，2001（12）：66–69.

[13] 李兴绪，率怡楠．旅游产业对云南经济增长的贡献分析 [J]. 城市问题，2004（3）：43–45，49.

[14] 闫红瑛．西藏旅游业发展与区域经济增长的实证分析 [J]. 旅游世界：旅游发展研究，2012（4）：6–10.

[15] 周彦琳．政策性银行支持旅游业发展的研究 [D]. 成都：西南财经大学，2011.

[16] 荣洁玉．河北省旅游产业发展的金融支持问题研究 [D]. 石家庄：河北经贸大学，2013.
[17] 佚名．国内首只旅游产业发展基金的有益探索 [N]. 新华日报，2015-4-10（5）.
[18] 圣吉．第五项修炼——学习型组织的艺术与实务 [M]. 郭进隆，译．上海：上海三联书店，2001.
[19] KNIGHT F H. Risk，uncertainty and profit[M]. Boston: Houghton Mifflin Press，1921：128-260.
[20] THAMHAIN H J. Managing innovative R&D teams[J]. R&D Management，2003，33（3）：297-311.
[21] 陈宏辉．企业利益相关者的利益要求：理论与实证研究 [M]. 北京：经济管理出版社，2004.
[22] 冯淑华，沙润．从混沌理论哲学观对旅游学混沌态及学科体系探讨 [J]. 旅游学刊，2006，21（9）：54-58.
[23] 贾生华，宏辉．利益相关者的界定方法述评 [J]. 外国经济与管理，2002（5）：13-18.
[24] 李扬，王国刚，刘煌辉．中国城市金融生态环境评价 [M]. 北京：人民出版社．2005.
[25] 陈天乙．生态学基础教程 [M]. 北京：高等教育出版社，1995.
[26] 刘振海．关于地区金融生态环境建设问题的分析与思考 [J]. 济南金融，2005（4）：16-18.
[27] IANSITI M，LEVIEN R. Strategy as ecology[J]. Harvard Business Review，2004，82（3）：68-78，126.
[28] 谢太峰．我国金融生态的问题与对策 [J]. 河南金融管理干部学院学报，2006（3）：40-44.
[29] LEVINE R. Financial development and economic growth：views and agenda [J]. Journal of Economic Literature，1997，35（6）：686-726.
[30] FRY M J. Money，interest and banking in economic development[M]. The Johns Hopking University Press，2003（6）：121-135.
[31] 李扬，王国刚．中国城市生态环境评价 [M]，北京：人民出版社，2005.
[32] 徐荣贞．基于企业自主创新视角的金融生态系统研究 [M]. 北京：高等教育出版，2008：164.

[33] 陈哲明，彭耀辉.区域金融生态环境评价指标体系及模型构建[J].决策与统计，2006（6）：62-64.

[34] GOMPER P A，LERNER J. An analysis of compensation of in the US venture capital partnership[J]. Journal of Financial Economics，1999，51（1）：3-44.

[35] ACS Z J，ANSELIN L，VARGA A. Patents and innovation count as measures of regional production of new knowledge[J]. Research Policy，2002，31（7）：1069-1085.

[36] 汪祖杰，张铁峰.区域金融生态环境质量评估指标体系研究[J].金融研究，2006，5：150-158.

[37] SHLEIFER A，VISHNY R. Politicians and firms[J]. Quarterly Journal of Economics，1994，109（4）：56-80.

[38] LAVIGNE，MARIE. The economics of transition：from socialist economy to market economy[M]. New York：St. Martin's，1995：234-258.

[39] DIAMOND D W. Financial intermediation and monitoring[J]. Review of Economics Studies，1984（53）：393-414.

[40] CHIHIRO WATANABE. National innovation ecosystems: Japan-US technology policy systems [J]. Journal of Services Research，2006，6（1）：159-186.

[41] SAHAL D. Patterns of technological innovation[M]. Massachusetts Press，1981.

[42] NELSON R. Institutions supporting technical change in the united states[C] // Technical Change and Economic Theory. Printer London，1988.

[43] GUAN J，LIU S. Comparing regional innovative capacities of PR China—based on data analysis of the national patents[J]. International Journal of Technology Management，2005，32（3）：225-245.

[44] CHO Y J. The effect of financial liberalization on the efficiency of credit allocation：some evidence from Korea[J]. Journal of Development Economics，1988，29（1）：101-110.

[45] LAI A. Modelling financial instability：a survey of the literature[R]. Monetary and Financial Analysis Department Bank of Canada1 Working Paper，Sept. 2002.

[46] ZIMAN J. Technological innovation as an evolutionary process[M]. London，United Kingdom：Cambridge University Press，2000.

[47] IANSITI M，LEVIEN R. The keystone advantage：what new dynamics of business ecosystems mean for strategy，innovation，and sustainability[M]. Boston，MA：Harvard Business School Press，2004.

[48] ADOMAVICIUS G，BOCKSTEDT J，GUPTA A，et al. Understanding patterns of technology evolution：an ecosystem perspective[C] // Hawaii International Conference on System Sciences. IEEE，2006.

[49] LAMBENT A J D，BOONS F A. Eco-industrial parks：stimulating sustainable development in mixed industrial parks[J]. Technovation：The International Journal of Technological Innovation，Entrepreneurship and Technology Management，2002，22：471-484.

[50] JOHNSON S A，TIAN Y S. Indexed executive stock options[J]. Journal of Financial Economics，2000，57（1）：35-64.

[51] Johnson SHANE A，TIAN YISONG S. Risk-averse executives，multiple common risk，and the efficiency and incentives of indexed executive stock options[J]. Journal of Derivatives Accounting，2004（1）：11-28.

[52] Christine Wong. China national development and sub-national finance，a review of provincial expenditure[R]. Washington D. C.，World Band，2002.

[53] DEWATRIPONT M，MASKIN E. Credit and efficiency in centralized and decentralized economic[J]. Review of Economic Studies，1995，62：541-555.

[54] QIAN Yingyi. A theory of shortage in socialist economies based on the "soft budget constraint" [J]. American Economic Review，1994，84（1）：145-156.

[55] KOLARI J，ZARDKOOHI A. Bank costs，structure，and performance [M]. D. C. Health and Company，1987.

[56] HART OLIVER D. The market mechanism as an incentive scheme[J]. Bell Journal of Economics，Autumn 1983，14（3）：366-382.

[57] HOLMSTROM BENGT. Moral hazard in teams[J]. Bell Journal of Economics，Autumn，1982，13（2）：324-340.

[58] LIN Justin Yifu，CAI Fang，LI Zhou. Competition，Policy Burdens，and State-Owned Enterprise Reform[J]. American Economic Review，1998，88（2）：422-427.

[59] LIN J Y，TAN G. Policy burdens，accountability and soft budget constraint[J]. American Economic Review，1999，89（2）：426–431.

[60] MASKIN E S. Theories of the soft budget–constraint[J]. Japan and the World Economy，1996，8（2）：125–133.

[61] MAXIM B，SHELEIFER A，VISHNY R W. A theory of privatization [J]. The Economic Journal，1996，106（435）：309–319.

[62] 戈德史密斯 . 金融结构与金融发展 [M]. 上海：上海人民出版社，1994.

[63] 李扬，王国刚 . 中国城市生态环境评价 [M]. 北京：人民出版社，2005.

[64] 李建伟 . 技术创新的金融支持 [M]. 上海：上海财经大学出版社，2005.

[65] 许庆瑞 . 研究、发展与技术创新管理 [M] 北京：高等教育出版社，2000.

[66] 傅家骥 . 技术创新 [M]. 北京：企业管理出版社，1992.

[67] 莱文森 . 金融市场指南 [M]. 北京：中信出版社，2005.

[68] 陈晓红 . 中小企业融资创新与信用担保 [M]. 北京：中国人民大学出版社，2003.

[69] 李丽霞，徐海俊 . 我国中小企业融资体系的研究 [M]. 北京：科技出版社，2005.

[70] 徐诺金 . 金融生态论 [M]. 北京：中国金融出版，2007.

[71] 徐诺金 . 金融生态的本源与践行 [N]. 金融时报，2005–9–12（B05）.

[72] 徐诺金 . 优化我国金融生态：现状与路径 [J]. 南方金融，2006（8）：27–30.

[73] 徐诺金 . 论金融生态平衡的内在调节原理 [J]. 南方金融，2006（12）：27–30.

[74] 林永军 . 金融生态建设：一个基于系统论的分析 [J]. 金融研究，2005（2）：35–45.

[75] 张志元，雷良海，杨艺 . 区域金融可持续发展的城市金融生态研究 [J]. 金融研究，2006（6）：159–169.

[76] 朱德位 . 优化金融结构: 改善金融生态的另一个视角 [J]. 上海金融，2006（1）: 19–23.

[77] 叶德磊 . 我国金融体系运行效率与金融生态圈 [J]. 上海投资，2004（5）：15–18.

[78] 易纲 . 加强区域协作 改善金融生态 [J]. 南方金融，2004（12）：5–6.

[79] 陈劲，李飞宇 . 社会资本：对技术创新的社会学诠释 [J]. 科学学研究，2001（3）：102–107.

[80] 邹虎 . 营造金融生态环境的构想 [J]. 金融参考，2002（1）：54–58.

[81] 李建伟 . 技术金融一体化形成机理及其政策含义 [J]. 中国科技论坛，2004（3）：89–91.

[82] 蒋少华 . 鼓励企业自主创新的金融政策研究 [J]. 特区经济，2006（4）：246–248.

[83] 王松奇 . 创业投资与自主创新体系建设 [J]. 银行家，2005（9）：64–65.

[84] 何屹 . 创新的落脚点是创造效益——英国的科技创新政策 [J]. 科技成果纵横，2006（1）：44.

[85] 沈恒超 . 国外政府支持技术创新的几点经验 [J]. 海峡科技与产业，2006（2）：8–12.

[86] 程新章 . 第六代创新模型的启示 [J]. 科技管理研究，2006（1）：109–113.

[87] 吴群 . 金融支持中小企业技术创新的经济学分析 [J]. 上海企业，2006（6）：40–42.

[88] 吴晓灵 . 关于科技自主创新创业的财政与金融政策问题 [J]. 高科技与产业化，2006（3）：11.

[89] 中国人民银行张家界市中心支行课题组 . 金融生态的层次结构与金融资源均衡配置：张家界个案分析 [J]. 金融研究，2005（11）：156–163.

[90] 闫维杰 . 金融机构市场退出的关键是解决债务问题 [J]. 金融研究，2003（1）：66–73.

[91] 徐小林 . 区域金融生态环境评价方法 [J]. 金融研究，2005（11）：39–45.

[92] 付一书 . 金融生态建设必须遵循金融生态生长规律 [J]. 西南金融，2006（9）：11–12.

[93] 胡志强 . 高新技术、经济发展与金融支持 [J]. 科技进步与对策，2003（11）：168–170.

[94] 熊波，陈柳 . 中小高科技企业技术成果转化中的金融创新研究 [J]. 财经问题研究，2005（5）：78–82.

[95] 傅强 . 发达国家技术创新的金融支持与风险投资——制度框架比较 [J]. 科技管理研究，2006（1）：10–13.

[96] 吕光明 . 我国技术创新金融支持的模式分析与政策选择 [J]. 投资研究，2005（12）：8–10.

[97] 赵振全，薛丰慧 . 金融发展对经济增长影响的实证分析 [J]. 金融研究，2004（8）：94–99.

[98] 赵俊，王森军．中国融资方式与经济增长关系的实证研究 [J]. 投资研究，2000（6）：14–19.

[99] 张洪昌，凌常荣．民族地区旅游业发展的金融支持效率评价及优化路径探析——以广西壮族自治区为例 [J]. 贵州民族研究，2017（1）：195–198.

[100] 唐承财，郭华，袁海红，等．金融危机对北京旅游业的影响分析 [J]. 干旱区资源与环境，2016，30（5）：191–196.

[101] 魏玮．金融支持旅游业经济发展研究——评《金融支持战略性新兴产业发展研究》[J]. 广东财经大学学报，2019（6）：117.

[102] 刘俊，张恒锦，金朦朦，等．旅游地农户生计资本评估与生计策略选择——以海螺沟景区为例 [J]. 自然资源学报，2019，34（8）：1735–1747.

[103] 斯丽娟，夏瑀，陶杰，等．旅游精准扶贫绩效影响因子研究——基于可持续生计理论 [J]. 西北农林科技大学学报（社会科学版），2019（1）：29–38.

[104] 洪晓洋，宋青峰．金融支持黔西南布依族苗族自治州石漠化治理研究 [J]. 贵州民族研究，2020（4）：98–103.

[105] 袁丹，詹绍文．政府补助、金融支持与丝绸之路经济带文化旅游业上市公司效率 [J]. 华东经济管理，2019（6）：78–83.

[106] 白凯，于江波．民间资本助力在线旅游中小企业发展的制度创新 [J]. 旅游学刊，2019（3）：3–5.

[107] 张甜迪．金融集聚与科技创新：促进还是挤出？——基于湖北省 17 个地市州的面板门限研究 [J]. 科技管理研究，2019（5）：8–14.